Simplemente Salsa

Danza sin temor en
la fiesta de Dios

Prólogo de Kathi Macías

Janet Pérez Eckles

Unilit
Sepa

Publicado por
Unilit
Miami, FL 33172

© 2013 Editorial Unilit (Spanish translation)
Primera edición 2013

© 2011 por Janet Perez Eckles.
Originalmente publicado en inglés con el título:
Simply Salsa: Dancing without Fear at God's Fiesta por Janet Perez Eckles.
Publicado por Judson Press.
Todos los derechos reservados.

Traducción: *Rojas&Rojas Editores, Inc.*
Edición: *Nancy Pineda*
Diseño de la cubierta: *Wendy Ronga / Hampton Design Group*

Producto 495823 • ISBN 0-7899-2082-4 • ISBN 978-0-7899-2082-9

Impreso en Colombia /*Printed in Colombia*

Categoría: Vida cristiana /Vida práctica/Mujeres
Category: Christian Living /Practical Life /Women

Contenido

Reconocimientos.. 4

Prólogo.. 5

1 ¿Qué pasó con nuestros sueños?................................8

2 ¿Qué tiene de mala una *crazy life*?.........................22

3 Detesto cuando Dios calla.....................................36

4 Frenesí financiero 50

5 ¿Por qué yo? 66

6 El hombre y el *Yes*..83

7 ¿Eso es todo lo que hay? 98

8 Resuena una melodía de esperanza 113

9 Al fin, tengo paz en mi ser..................................128

10 ¿Quién invitó al temor a mi fiesta?........................144

Glosario 158

Reconocimientos

Reconozco que esta *lady* ciega estaría hundida en la autocompasión si Dios no hubiera puesto delante de mí una imagen del triunfo por medio de su Hijo, Jesucristo. Ese cuadro destaca la imagen de esos que amo:

Mi esposo, Gene, la persona a quien consulto en cuanto al próximo paso en el ministerio, y que siempre me dice: «Creo que debes lanzarte». Se merece todo el crédito por su apoyo constante y, además, por su amor incondicional en todas los aspectos a través de nuestros treinta y cinco años de matrimonio.

«Espero que te guste», susurra mi mamá al poner un plato de comida en mi escritorio. Me prepara comidas saludables mientras yo trabajo horas interminables en mi computadora. Con ternura, me celebra los logros y anda dando vueltas ocupándose de todo lo que yo necesite. Y con su metro y medio de estatura, es una verdadera gigante en mi vida.

Mi papá, a quien llamamos «Ito» y quien también perdió la vista, es un ejemplo de tenacidad y perseverancia para mí.

Cuento con amigos que, sin nada más que puro amor y generosidad, se han ofrecido para ser «mis ojos»: Cindi Lynch, Steve Meyer, Mary Wolfram y Jeanne Zeiser. Con su ayuda, ya no soy ciega porque me han permitido ver la belleza de la verdadera amistad.

Cuando las tareas son demasiadas y el mar de retos parece desalentador, Dios me lleva a una isla de gozo. Allí tengo a mi hijo, Jason, su esposa Rachel, mis dos nietos, Kam y Aly, mi hijo Jeff y nuestro hijo menor, Joe, quien está en la gloria del cielo. Hacen que recuerde la gracia de Dios por el regalo que son para mí. Y en gratitud, mi pasión se renueva para seguir escribiendo con devoción y compromiso.

Prólogo

¿Bailar salsa? ¿Estás bromeando? No hay música ni baile que se pueda comparar con poner tu corazón a latir, tus pies a mover y tu sangre a fluir. Sin embargo, durante mi niñez se me dio a entender que no tenía el derecho de disfrutar mucho de cualquier cosa. Así que me controlaba, decidida a ser una «adulta» que viviera con sensatez, obedeciera las leyes del país y fingiera que no estaba aburrida con una vida tan insípida.

Cuando era adolescente, hasta me pasé cuatro meses en un convento, contemplando una vida entregada a la iglesia de Cristo. A pesar de eso, cuando enfrenté mi propia indignidad, aun en un lugar tan sagrado, salí de ese convento y no regresé a la iglesia por más de diez años. Después de todo, ¿para qué? Había probado eso de ser responsable, callada, respetuosa y religiosa, y todavía me sentía como una tremenda fracasada; entonces, ¿para qué molestarme? No es que dejara de creer en Dios, sino que decidí que no había manera de agradar al Señor, así que me parecía que era mejor que disfrutara yo misma.

Me había tomado veintiséis años comenzar a entender que ser responsable, callada y respetuosa, aunque son rasgos admirables, no eran suficientes. No eran suficientes para proveerme una vida gozosa, y ni siquiera lo eran para llevarme al cielo. Entonces, cuando decidí complacerme a mí misma y a distanciarme de mis raíces responsables y respetuosas, noté que la vida rebelde tampoco me volvía más gozosa.

¡Si hubiera tenido *este* libro durante esos años en los que rompía con todo! En *Simplemente salsa*, Janet Pérez Eckles le ofrece a una mujer como yo algunas maneras inspiradoras de hallar esperanza y gozo... sin congoja ni lamento.

En cambio, diez años después de salir de la iglesia, me di cuenta de que la rebelión tampoco me estaba dando muy buenos resultados. Para ese tiempo, mi madre y mis dos hermanos habían encontrado una relación personal con Jesús, pero yo me resistía con obstinación. Sin embargo, como mi vida personal se iba desintegrando a mi alrededor, comencé a preguntarme si no debía investigar lo que creían ellos.

Llamé a mi madre una cálida tarde de julio, y le conté el desastre en que había convertido mi vida. Fue tan amable que no me dijo: «Vaya, ¡qué sorpresa!». Más bien me dijo: «Necesitas a Cristo». Me dijo también un montón de otras cosas (la mayoría de las cuales pasé por alto), pero al final estuve de acuerdo en hablar con Dios sobre lo que estaba sintiendo... solo para soltar el teléfono.

Unos minutos después comprendí que me sentía sucia, y decidí darme un baño. Parada bajo la tibia ducha, tratando de arrancarme la tristeza, me di cuenta de que mi suciedad no la llevaba por fuera. No obstante, ¿cómo se lava la suciedad del alma?

Al salir del baño, recordé la promesa que le hice a mi madre y pensé que una pequeña conversación con Cristo no era mala idea.

Me puse alguna ropa, me fui al cuarto y me arrodillé junto a mi cama. Cuando cerré los ojos, me vi de repente entre una gran multitud en un camino polvoriento. Algunos llorando, otros burlándose, se esforzaban por ver algo. Estiré también la cabeza para ver el objeto de su atención.

Entonces vi a Jesús. Llevaba su cruz, con el rostro y el cuerpo bañado en sangre y sudor mientras avanzaba a tropezones. Cuando llegó cerca de mí, yo también lloraba. Y entonces se detuvo. Alzando la cabeza, me miró a los ojos y pronunció cuatro palabras que cambiaron mi vida para siempre: «Lo hice por ti».

Esos años en que era «buena» me venían a la mente, incluso los momentos en que comprendía que jamás sería lo suficiente buena. En ese momento, comprendí que no tenía que hacer nada: ¡Jesús ya lo había hecho todo! El don de la vida abundante estaba a mi disposición.

Ah, si hubiera habido una orquesta de salsa por allí en ese momento, ¡me hubiera puesto de pie de un salto y hubiera danzado con todo el corazón! Sin embargo, en la radio de estilo rock que tenía de fondo, el presentador radial anunció de repente una canción especial para alguien «por ahí» que necesitaba oírla: «Día feliz» por los *Edwin Hawkins Singers*. Y ah, ¡qué día más feliz fue! Mis pecados quedaron lavados de veras, y mi corazón cantó, mi espíritu danzó, y sabía que nunca más sería la misma.

Y, por supuesto, no lo he sido. Aunque a veces en los siguientes treinta y siete años he permitido que las ocupaciones de la vida, el temor al fracaso, el sentimiento de culpa por viejos pecados, y aun la presión de querer agradar y actuar combaten la música que nació en mi corazón ese día, Jesús siempre me llama de nuevo. «Dancemos», me dice. «Recuerda, lo hice por ti».

Y sonrío, dejando que el ritmo y el compás de la celebración gozosa fluyan en mi espíritu una vez más.

En este libro, *Simplemente salsa: Cómo danzar sin temor en la fiesta de Dios*, Janet Eckles describe un momento tras otro en la vida (la suya y las de otros) en el que las ocupaciones, la tragedia, el temor, la culpa y la ansiedad combaten la música que Jesús quiere tocar en nuestro corazón. Y una y otra vez, Janet testifica del poder de Dios para transformar esos momentos de llanto o temblor en una emocionante invitación a danzar.

Me hubiera encantado tener este libro de Janet en mis primeros días de aprender cómo danzar de veras a través de la vida con mi mano en la mano de Jesús. Aun así, por lo menos lo tengo ahora... y puedo animar a otras a conseguirlo también, no solo para ellas, sino para sus amigas. Este es un alegre, pero profundo libro, que les habla a las mujeres de todos los niveles, ya sea que estén revolcadas en el fango de la autocompasión, avanzando a duras penas por la culpa sin fin, tratando de dejar atrás el temor o solo perdiéndose el éxtasis de una vida llena de danza. No tiene que ser de esa manera... y *Simplemente salsa* se escribió para ayudarte a entender eso.

Únete a nosotros en la fiesta celestial. ¡No hay nada en esta tierra por la que valga la pena perder esta danza!

Kathi Macías
Premiada autora de más de treinta libros, incluso las novelas
«Extreme Devotion» (New Hope Publishers)

www.KathiMacias.com
www.TheTitus2Women.com
http://kathieasywritermacias.blogspot.com

1

¿Qué pasó con nuestros sueños?

Ante la adversidad, si Dios está en primer lugar,
el triunfo sustituye al temor.

Good, girl, hablemos. El conjunto de mariachis que tocaban en nuestros sueños han callado. La música que una vez disfrutamos ha perdido su ritmo. Y las malas noticias que resuenan en nuestro televisor solo se suman a nuestros problemas personales.

Nos sentamos en nuestras camas sin hacer con un papel de seda arrugado entre las manos y nos mordemos los labios. ¿Qué salió mal? Cuando niñitas nos sentíamos destinadas a llevar vidas felices llenas de significado y éxito. Sin embargo, en el camino, el mundo trajo circunstancias imprevistas, dolores que estremecieron nuestros sentidos y angustias que nos dejaron insensibilizadas.

Good news. Tengo buenas noticias. Tengo una pista de lo que pasó. Todas compramos billetes que decían «Felicidad y

Éxito» y nos montamos en el tren. El único problema fue que nos olvidamos de los propósitos de Dios y trazamos la ruta según nuestra propia sabiduría, nuestras experiencias pasadas y nuestras expectativas. Y con corazones que estallaban con expectativas, reservamos asientos junto a las ventanillas, esperando que cuando se detuviera el tren, nos esperara la dulce felicidad envuelta en prosperidad y paz, como los besos de nuestra *grandmother* cuando la visitábamos.

Antes, solía estar en ese tren, dando tumbos en el asiento mientras andaba el tren. Entonces, sin advertencia ni preparación, un cambio en la ruta hizo que mi tren se detuviera chirriando los frenos. ¡Cielos! Paró de un modo tan repentino y violento que me lanzó por la ventanilla. Y allí estaba yo... quebrantada, perdida, confundida y hundiéndome en una charco de autocompasión. La ceguera física, la infidelidad, el asesinato de mi hijo y la absolución del que lo mató... tragedias que se amontonaron unas sobre otras en mi propio accidente personal de tren.

My God!, le grité a Dios preguntándome si me escuchaba, dudando de la presencia del Espíritu. Y en ese momento llegó el temor. Ya no celebraba la vida, no quedaba nada de gozo, no más *parties* con amigos y familiares. El miedo tomó las riendas.

No merecía esto. Sentía que la vida me había fallado en forma lamentable, y me hedía a podrido. Siempre había sido una persona buena, había obedecido las reglas, había llevado mi perro al veterinario y hasta había regresado los libros a la biblioteca a tiempo. *What happened?* ¿Qué pasó?

Tal vez te hayas hecho esa misma pregunta. Seas quien seas, te apuesto que has experimentado el pánico. Todos lo sentimos en algún momento u otro cuando la vida se vuelve un desastre. La confusión y el temor al mañana nos dejan sin rumbo, y sentimos que nuestros sueños se derriten como helados de chocolate en el verano. Además, tengo la sensación de que nuestro problema principal no tiene nada que ver con unos kilos adicionales, ni con la falta de dinero, ni una gran desilusión, ni ninguna otra circunstancia.

Friend, es hora de resolver esto. Búscate una taza de café con leche y hablemos de esos momentos en que hemos terminado en la vía del tren de la decepción mientras que el temor se burla de nosotras. Sé que has estado ahí; todas lo hemos sentido. Y aunque las cicatrices de mis dificultades se pueden ver si miras de cerca, he descubierto el secreto, el lugar de esperanza, la seguridad que anhelamos todas... pero no en los conceptos con los que crecimos. Lo hallé en la Palabra de Dios, la Santa Biblia. Con una sencillez que alivia el alma, Dios revela las soluciones, no por el cambio de nuestra situación, sino por la transformación de nuestro corazón.

Girl, por ahora, baja el volumen de esa música de salsa, aguántate el sombrero y acomódate bien en ese sillón acolchonado. Vamos a descubrir qué hacer con los planes rotos y los sueños que se esfuman. No importa dónde estés, aun si tu mundo este repleto de pruebas, Dios promete revelar los secretos del éxito, de una vida llena de propósito, satisfacción y confianza. Dios nos mostrará cómo movernos desde una vida llena de temor a una vida llena de fe.

No solo las cosas dulces

Mi lección comenzó cuando me fui de Bolivia y aterricé en los Estados Unidos. Cuando tenía doce años, mi madre, mi hermano de once años y yo estábamos de pie frente a nuestro hogar en La Paz junto a un viejo taxi. Con dedos arrugados, mi abuela aguantaba un pañuelo blanco y sollozaba con mami. «¿Me escribirás tan pronto llegues?».

Mami asintió con la cabeza, y los ojos también brillaron con las lágrimas. Con brazos frágiles, mi abuela me dio un fuerte abrazo y sus lágrimas se mezclaron con las mías. Aspiré su viejo perfume mientras picoteaba mis mejillas con besos.

El corazón me dolía al separarme de mi abuela, la abuela que me calmaba con sus cuentos y su lectura de las *Fábulas de*

Esopo. Recordé la manera en que, con un rosario en la mano, nos llamaba a arrodillarnos a rezar con ella. Sus palabras siempre fueron tiernas, y su amor era como la brisa suave y cálida de una tarde en La Paz. Y ahora teníamos que dejarla... ¿y para qué? Para dirigirnos hacia los Estados Unidos de América, el país donde la gente dice que nuestros sueños se hacen realidad. Por eso es que *daddy* había trabajado por cuatro años para juntar el montón de documentos que exigía los Estados Unidos. Por eso es que había soportado muchos meses de estar separado de nosotros. Todo era para que pudiera ir a prepararnos un hogar en esta nueva tierra.

Mi hermano y yo estábamos sentados a ambos lados de nuestra mami en el roto asiento trasero del taxi. Yo miraba por la ventanilla hacia el parque infantil del barrio, donde las malas hierbas crecían entre las piedras y la tierra. El columpio desgastado se movía de un lado para otro como si se estuviera despidiendo de mí, y el tobogán de metal, liso en el centro y con manchas de óxido por los costados, me parpadeaba débilmente en el sol de la tarde. La condición lamentable del parque testificaba de su uso constante y falta de cuidado. Aun así, ese era mi hogar, mi barrio conocido y cómodo.

Las casas y las calles estrechas y sucias de mi niñez desaparecieron cuando el taxi dobló en la esquina para dirigirse hacia el aeropuerto de La Paz. Con el dorso de la mano, me limpié las lágrimas mientras mami me acariciaba el brazo y me aseguraba: «De veras te va a gustar nuestro nuevo hogar».

Cuando nos subimos al avión y este despegó, el pequeño avión se estremecía y bajaba en picada, por lo que mi hermano se sintió mal del estómago. Yo estaba sentada a su lado, tragándome una mezcla de angustia, temor y aprensión.

El avión aterrizó en un enorme aeropuerto en Miami, un nombre que nos parecía gracioso en ese momento. Arrastramos nuestro equipaje al mostrador para que lo examinaran. Un hombre alto y de piel clara, el más alto que yo había visto, nos sacó la ropa de las maletas. Con una mirada severa, agarró una bolsa de plástico de *chuño*, la levantó en el aire, y luego le dio vueltas para ver su contenido. Arrugando la nariz, lo echó en la basura. Hizo lo mismo con las especias que mami había escondido en un rincón de su maleta. Estos fueron los primeros de una gran variedad de artículos que tuvimos que desechar de la vida que conocíamos.

Ahora, cuatro décadas después, entiendo por qué Dios me sacó de lo conocido y cómodo. El Señor tenía planes para mí. ¡Pero caramba! La jornada no ha sido muy fácil. Por razones que desconozco, junto con muchos momentos dulces, el plan de Dios incluyó algunos episodios que nos dolieron.

¿Te ha hecho lo mismo a ti el Señor? ¿Te has visto arrancada de las circunstancias conocidas y cómodas que nunca hubieras querido soltar? Ahí estás, confundida porque nunca concebiste que las cosas pudieran salir así. ¿Por qué permitiría Dios que tanta fealdad tocara tu vida? ¿Cómo puede un Dios amante y bueno planear todo esto para ti? Estas son preguntas esenciales para las mujeres de fe de hoy, así como lo fueron para las mujeres en los tiempos bíblicos.

Pero hay una razón

Rut supo lo que era enfrentar circunstancias muy diferentes a lo que había esperado y planeado. ¿Recuerdas a Rut? Es la señora que se quedó de repente sin esposo. Sin duda, conocía el dolor. Debió haberse sentido sola y temerosa del futuro. Sin embargo, hizo algo que la mayoría de nosotras no hubiera considerado. Sé que yo jamás lo habría hecho. Se aferró nada menos que de Noemí, su suegra. Rut insistió en seguir a Noemí hasta su patria, un lugar extraño para ella.

What? ¿Qué? Es una decisión rara. ¿Por qué querría Rut aferrarse a la madre de su esposo fallecido? No obstante, Dios estaba obrando en su corazón. Dios puso en ella el deseo de cambiar de escenario, de dirigirse a un lugar donde las cosas no le eran conocidas.

Así que el sendero no fue fácil. Hubo obstáculos en su camino. Noemí no quería llevarla. Noemí les preguntó a sus nueras: «¿Acaso voy a tener más hijos que pudieran casarse con ustedes?» (Rut 1:11). Seguro que su actitud era la de: quédense aquí y empiecen una nueva vida. A pesar de eso, algo ardía en el corazón de Rut que la obligaba a quedarse con Noemí. Puedo imaginarme a Rut agarrada de la manga de Noemí y declarando: «¡No insistas en que te abandone o en que me separe de ti! Porque iré adonde tú vayas, y viviré donde tú vivas. Tu pueblo será mi pueblo, y tu Dios será mi Dios» (Rut 1:16).

Dios es así de maravilloso. El Señor usa las circunstancias de nuestras vidas, a veces circunstancias que no son muy bonitas, para llevar a cabo planes específicos, planes increíblemente maravillosos. Para Rut, todo comenzó cuando Dios puso hambre de algo grande en su corazón. Y esa misma hambre retumba en el lugar más profundo e íntimo de nuestros corazones también. Late con la vida a cada paso; nos llama con insistencia implacable. Nos suplica que la reconozcamos, aceptemos, alimentemos, nutramos y satisfagamos. Rut la tenía. Tú la tienes, y yo también. En realidad, no hay en esta tierra quien no tenga ese anhelo.

Lo que anhelamos es un «propósito», la clase de propósito que le da aliento a nuestra alma, vida a nuestros días y significado a nuestros pasos. Anhelamos descubrir el mismo propósito con el que nos creó Dios. Así y todo, ¿qué es?

Good news. Buenas noticias. No tenemos que buscarlo. No hay que entenderlo y ni siquiera definirlo. Dios lo hizo por nosotros. Jesús dijo que el propósito de la vida, para ti y para mí, es amar al Señor nuestro Dios con todo nuestro corazón, nuestro ser y nuestra mente (Mateo 22:37).

¡Qué sorpresa! ¿De veras dijo Jesús eso? ¿Debemos amar a Dios con todo nuestro: corazón, mente y alma? Qué tareas más enormes para *girls* como nosotras que tienen el plato lleno de deberes, tareas y demandas de la familia. Tal vez esa clase de devoción fuera posible en los tiempos bíblicos cuando no tenían Internet, cajeros automáticos, grandes rebajas en el centro comercial, ni carreras que sobrecargaran su tiempo. Entonces, ¿cómo podemos amar tanto a Dios, con esa intensidad, ese compromiso y esa profundidad? Cielos, esa tarea es más de lo que podemos manejar.

Y es por eso que tal vez hayas hecho lo que hice yo cuando me enfrenté a ese mandamiento: acepté la parte de «ama al Señor tu Dios», ¡pero con sutileza rechacé lo de «con todo tu corazón, con todo tu ser y con toda tu mente» como algo irrelevante o un poco anticuado.

Hay una razón por la que muchas hemos hecho esto. Creo que hicimos componendas y negociamos porque somos *girls* inteligentes. Comprendimos que la única manera en que podríamos obedecer el mandamiento de Jesús era buscando nuestra propia manera de amar a Dios. Y eso fue lo que hicimos.

Primero, nos aseguramos de que creíamos en Dios. Si alguien nos preguntaba si creíamos, asentíamos con la cabeza con tanto énfasis que nuestros aretes se quedaban moviendo por un largo tiempo.

Bueno, ya dimos ese primer paso. Creemos en Dios. El segundo paso es ir a la iglesia. Eso lo hicimos también. Íbamos, le sonreíamos a la gente a nuestro alrededor y regresábamos satisfechas a la casa de que hicimos más de lo que hace la mayoría de las personas.

A continuación, oramos. Dios mío, son *important* nuestras oraciones, debido a que así es que le entregamos a Dios una lista de lo que queremos, necesitamos y anhelamos. Yo, en cambio, hice más que pedirle a Dios lo que quería; siempre recordaba darle gracias por lo que tenía. Eso se encargaba de cualquier culpa que pudiera salir a flote.

Y, por último, intentábamos, de veras que lo *intentábamos*, ser personas buenas.

Así que ahí lo tienes. Encontramos una manera de amar a Dios que cupiera en nuestra agenda. Y quizá nos hayamos convencido de que nos da resultado en realidad.

¿Cómo lo hicimos?

Justo ahora, hunde tu tortilla en un poco de guacamole y toma un bocado, porque vas a necesitar energía para tragarte esta verdad: Si no amamos a Dios con todo nuestro corazón, con todo nuestro ser y con toda nuestra mente, terminaremos amando a otras cosas, personas, sueños, aspiraciones o metas mucho más de lo que debemos.

¿Crees que estoy bromeando? Conozco esta verdad por experiencia. Esta *girl* llegó a amar su vida más que a Dios. Estoy hablando con sinceridad. Quería que mi vida, libre de dolor, fuera próspera, feliz, placentera y tranquila. Así que me enamoré de los planes que me conducirían hacia esas metas. Amaba a Dios, también, porque necesitaba al Señor para estar segura que estos planes dieran resultado. Necesitaba la ayuda de Dios para hacer mis sueños realidad. Sí, lo necesitaba.

Friends, siento que sube calor de mi pecho a mi cabeza porque estoy a punto de revelar espinosos detalles. Comencé con la cabeza bien alta porque estaba siguiendo con diligencia las directivas del mundo: Sigue tus sueños, no dejes que nadie te detenga, elabora tu propio plan para tu vida, vive al máximo y disfruta la vida. Qué método más lógico, ¿verdad? Era agradable y seductor, como los buñuelos glaseados con miel de mi abuela. Así que tomé un bocado grande de ese pastel de «sigue tus sueños». No me dio indigestión de inmediato porque hiciera de la realización de esos sueños mi propósito en la vida, y los persiguiera con gran pasión.

Por muchos años, mis esfuerzos parecían dar resultados. Me gradué de la universidad con honores, y después encontré a *my husband*, un hombre que encajaba con los criterios que yo había establecido en mis años de adolescencia. Di a luz tres hijos maravillosos, todos saludables e inteligentes. Hice una dieta y ejercicio para recuperar la figura que tenía antes de mis embarazos, y me aseguré de ser la clase de esposa que anima a su esposo a ascender por la escalera corporativa, apoyándolo en todo el camino. La vida me sonreía. Construimos una bella casa de dos plantas. Estaba haciendo lo que quería hacer: quedarme en casa para cuidar a mis tres hijos. Disfrutábamos las comodidades de los suburbios estadounidenses y conducíamos autos BMW.

Mi vida parecía maravillosa, pero muy en lo profundo de mí había hambre de satisfacción y paz total. Sin embargo, seguí adelante, tratando de silenciar esa sensación persistente de «tiene que haber más». Compré más, decoré mejor, adelanté, corregí y reforcé cada faceta de mi vida lo mejor que pude. Y día tras día, bailaba una *salsa* complicada para mantenerme al día con mis deseos cotidianos.

Un poco desesperada

Entonces, sin advertencia, como un súbito viento frío de los Andes, una ráfaga chocante y helada enfrió mi mundo.

«Veo una disminución definida en su campo de visión», me dijo el oftalmólogo. «No hay nada que se pueda hacer. Debe prepararse».

Traté de pasar por alto las náuseas en mi estómago. Sabía que tenía una enfermedad hereditaria de la retina, pero los médicos me habían dicho que no me afectaría la visión hasta los sesenta años. Solo tenía treinta y uno, y mis hijos tenían tres, cinco y siete años. Era injusto. Los médicos me habían mentido.

Sin embargo, siendo la *girl* determinada que era, seguí enfocada en mis sueños. Seguí bailando para mantener la imagen del éxito. Aun así, a cada rato la idea de perder la vista me dejaba paralizada. Y fue entonces cuando murmuré oraciones sinceras, pero desesperadas, a veces en inglés, a veces en *spanglish*.

Los meses pasaban volando y mis noches parecían más largas. No podía dormir porque mi mente seguía repasando episodios de ese día cuando chocaba con un mueble, con mis hijos, con puertas abiertas. Cada día perdía más la vista. Desesperada, corría a cualquiera que me ofreciera siquiera una chispa de esperanza. No obstante, los médicos, especialistas, acupuntores y herbarios solo aumentaban mi frustración, a la vez que disminuían el balance en nuestra cuenta bancaria.

Entonces, como a los dieciocho meses, llegó el día en que desperté, y para horror mío, no veía nada. Mi mundo se había quedado negro.

Levanté los puños contra Dios. *Why me?* ¿Por qué yo? No merecía quedarme ciega. Le había implorado un milagro y Dios me lo había negado. El enojo, la amargura y el temor me acompañaban al andar a tientas por la casa tratando de cuidar a mis hijitos.

Sentía que mis sueños se iban deslizando por un túnel de desesperanza. Mis planes, anhelos y deseos desaparecieron en un mundo que se me había convertido en una oscura prisión sin esperanza de escapar. El temor de lo desconocido me atormentaba. ¿Cómo iba a poder vivir como una ciega? ¿Qué sería de mis hijos? ¿Qué haría mi esposo con una ciega? ¿Qué propósito tendría mi vida? Esos temores me estaban comiendo viva porque los planes que me había hecho no incluían este episodio. Siempre había sido una buena persona. Sentía que me estaban castigando por algo que no había hecho.

Entonces, ocurrió un cambio drástico. Una amiga me invitó a su iglesia, y comencé a asistir con ella. Con frecuencia me sentaba allí acariciando mi dolor, mientras las lágrimas rodaban por mis mejillas y el corazón estallaba de miedo. Hasta que un día, durante el culto, un versículo chisporroteó en mi corazón, como una gota de agua en un sartén caliente. Era Mateo 6:33, el cual habla de buscar a Dios y su justicia primero, y que todas nuestras necesidades se satisfarían.

Ahí estaba, una brillante luz de verdad, revelación y libertad que resplandecía en la oscuridad de mi vida. Había hecho de la búsqueda de una cura para mi vista la prioridad principal de mi vida, porque sin la habilidad de ver, el propósito de mi vida, según lo había definido, ya no existía. No tenía metas, ni pasión, ni esperanza, ni gozo; solo sueños rotos y planes fracasados. Era una *girl* triste.

Sin embargo, Dios me susurraba: «Búscame primero a mí, ámame primero a mí, anhélame primero a mí y llena tu corazón de mí primero; entonces, verás lo que tengo guardado para ti». Así es que oía la promesa de Dios. Y ese tierno llamado giró la llave que abriría la celda de mi prisión.

Me sequé las lágrimas, di un largo suspiro y me monté en el asiento trasero del taxi divino. Mientras nos alejábamos, miré hacia atrás por la ventanilla hacia el patio sucio donde una vez entretuve mis sueños superficiales. Revisé por última vez el tobogán oxidado donde mi pasión y mi propósito disfrutaron de la emoción del momento. Di un último vistazo a las rocas y las malezas esparcidas alrededor de la vida que dejaba atrás.

Con la expectativa delante de mí, llegué al aeropuerto de la gracia de Dios. Arrojé los sueños que había empacado. Los sustituí con un deseo más saludable de aprender a amar a Dios con todo mi corazón, mi ser y mi mente. Sí, leíste bien. Dije «aprender», porque así como había tenido que aprender un nuevo idioma y una nueva cultura, tuve que aprender a amar al Señor... a su manera. No a medias. No a mi manera. No haciendo lo que más me convenía ni cortando camino. Tuve que aprender a amar a Dios con todo mi corazón, mi ser y mi mente.

Comenzaba cada mañana cuando dirigía mis pensamientos al Señor, meditando en la dulce manera en que el Espíritu me daba lo que necesitaba para ese día. Luego, le daba gracias a Dios por todas las cosas buenas. Aunque no tenía vista, todavía tenía oídos para oír, piernas para andar, un corazón para amar, una familia que cuidar y un futuro elaborado por la misma mano de Dios.

Una nueva revelación

Descubrí que cuando decidimos amar al Señor, se despierta un hambre por darle un vistazo a las características de Dios: la infinita compasión que tiene Dios cuando nos equivocamos;

la inmensa paciencia de Dios durante los años en los que seguíamos nuestros planes; las severas palabras de Dios cuando nos advierte en cuanto a algo que nos causará dolor. Y he aquí una nueva revelación que entró en mi antes confundida cabeza: Amar a Dios significa pasar tiempo empapándose de su Palabra. Significa beber las promesas del consuelo de Dios cuando el mundo nos golpea los sentidos, cuando alguien nos rechaza y cuando el dolor viene aun de los que amamos.

Amar a Dios es confiar cuando las Escrituras nos dicen que si invitamos al Hijo, Jesús, a ser nuestro Salvador, podemos conquistar la muerte. Amar de veras a Dios es creer que podemos vivir una vida abundante a pesar del diagnóstico, la amenaza o el mal que se cierna sobre nosotros.

Friend, quizá tu situación no sea tan terrible como la mía. O es posible que sea más dolorosa. La vida trae muchas cosas feas. Sin embargo, el verdadero problema no es la circunstancia, sino la manera en que reaccionamos. Debemos optar por dejar atrás ese columpio oxidado y el tobogán desgastado y mudarnos a un país mejor en el que el propósito de Dios brille a través de la oscuridad y la confusión.

Eso fue lo que hizo Rut. Estuvo dispuesta a viajar a una nueva tierra, a una tierra desconocida, pero con más promesa. Quiso seguir a Dios más que cualquier otra cosa. Más que su comodidad. Más que su patria. Más que su orgullo. Y más que sus propios deseos y esperanzas.

Hubo golpes en la vida de Rut, y en ocasiones las cosas fueron difíciles mientras llevaba a cabo su propósito. Así y todo, Dios vio su corazón, respiró la dulce fragancia de su obediencia, se deleitó en su confianza, sonrió al ver su humildad y suspiró con placer ante su corazón agradecido. El Señor reveló una solución para su dilema que la condujo a ser nada menos que un vínculo en el linaje de nuestro Salvador.

«Ama al Señor tu Dios con todo tu corazón, con todo tu ser y con toda tu mente». Este es el más grande de los mandamientos, el principal y el más importante. Y también es el que Dios ha establecido para nuestra protección. *Yes*, este mandamiento es para protegernos de la confusión y el temor. Cuando decidimos amar a Dios según su mandamiento, la vida se vuelve más clara. Mientras que antes nos cegaban las tormentas, ahora podemos ver. Podemos mirar al Dios que sana en vez de hundirnos en la tristeza. Podemos observar la huella de la mano de Dios en lugar de ceder a la ansiedad. Y podemos poner nuestra confianza en el Dios que dice: «Rescataré a los que me aman; protegeré a los que confían en mi nombre» (Salmo 91:14, NTV).

Al principio, contemplaba mi ceguera con consternación. Sin embargo, Dios abrió mis ojos espirituales, me rescató y me sacó de todo el vacío que me rodeaba. Y en vez de sentir amargura en mi corazón, crucé el puente de la ceguera de mi alma hacia la claridad de los caminos de Dios.

Y entonces Dios sonríe

Good, friend. Es hora de que cierres los ojos. Reclínate y piensa... piensa de verdad. ¿Qué circunstancias en tu vida Dios usa para susurrarte? Si vuelves la cabeza y escuchas, el llamado del Espíritu tal vez sea más claro de lo que pensabas. Sin duda, el Señor anhela guiarte hacia una vida llena de propósito de Dios y con abundante riqueza de Dios, una riqueza que no tiene nada que ver con una cuenta bancaria, pero mucho que ver con paz y contentamiento, sin importar la situación.

Dios sonríe cuando hacemos que amar con todo el corazón, el ser y la mente sea la mayor prioridad en nuestra vida. Entonces, cuando experimentamos momentos de soledad, los brazos seguros de Dios nos bastan. Cuando el dolor resulta evidente, la compasión de Dios nos susurra de forma más directa. Cuando el mundo nos rechaza, la aceptación incondicional de Dios nos alivia a fondo. Cuando un diagnóstico devastador nos estremece hasta los cimientos, las promesas de Dios resuenan con más dulzura. Cuando la desesperación se burla de nosotros, el poder de Dios nos eleva aun más.

¿Y mis planes?

Quizá nada de esto sea nuevo para ti. Es posible que lo escucharas todo antes. No obstante, si eres como era yo, una astilla de duda todavía te está penetrando. Y la curiosidad provoca una pregunta lógica. Te encoges de hombros y preguntas: «¿Y qué de *mis planes*?».

«Porque yo sé muy bien los planes que tengo para ustedes —afirma el SEÑOR—, planes de bienestar y no de calamidad, a fin de darles un futuro y una esperanza» (Jeremías 29:11). Estos planes son para ti, para mí y para cada *girl* que decida descartar la idea insensata de que la prosperidad, la esperanza y un futuro mejor vienen de este mundo. Debemos desechar esos conceptos erróneos acerca de lo que nos va a dar significado y plenitud. Y la misma fuerza que usamos para remover el queso pegado al fondo de la cazuela cuando hacemos tamales, debemos raspar los «amores» que nos dan una falsa sensación de propósito y satisfacción.

Ahora hay espacio para el amor por Dios. Es ahí que comienza la música. El Señor te guía hacia la pista de baile de tu dulce nueva vida con propósito, significado y gracia. *Friend*, el cambio en ti será tan deliciosamente drástico que tus amigos y familiares te darán una segunda mirada y, con ojos del tamaño de una tortilla, te señalarán y preguntarán: «¿Qué le pasó a esta mujer?».

¿Qué tiene de mala una crazy life?

**Aferrarte a un pasado oscuro transporta
el temor a tu futuro.**

Sé, *my friend*, que estás a punto de quejarte: «¿Amar al Señor con
todo mi corazón, con todo mi ser y con toda mi mente? ¿Cómo
piensas que voy a hacerlo? ¿No sabes la vida que llevo, el dolor
que late de noche y de día, y el pasado feo que he tenido?».

Te digo *welcome*... bienvenida al club. Todas podemos darle
una ojeada a nuestro corazón y sentir nauseas si nos quedamos
mirando demasiado tiempo las cosas feas del pasado. Y a veces
puede ser difícil dejarlo atrás. A menudo, las consecuencias del
pasado salen a relucir en la *crazy life* donde caemos algunas de
nosotras. Quizá conozcas a algunas de estas mujeres.

Por ejemplo, he aquí una mujer que se para en la esquina
de la calle casi todas las noches, con la seguridad de que tendrá

clientes. Cuando un hombre le pasa por el lado, le mira con coquetería. Y, con las pulseras que le cuelgan de las muñecas, agita sus manos: «Por aquí se llega a mi casa». Un montón de collares le cuelgan alrededor del cuello, y su cabello trenzado destaca su tez bronceada. Sin embargo, esta no es una chica del siglo veintiuno. Me refiero a Rajab. Tú la conoces: La prostituta que dejó sus huellas en las Escrituras.

Entonces, ¿cuál es el problema? ¿Cómo se le hubiera ocurrido atraer a esos hombres sudados y sucios que se acaban de bajar de sus camellos después de un largo viaje en ese desierto caliente? A ella no le importaba su apariencia, ni su trasfondo, ni su moral. Tenía un trabajo que hacer, y no le daba pena cerrar la puerta de la tienda para darles servicio. Adelante, *my friend*, di todo lo que quieras. Esa es la realidad de los que optan por participar en la *crazy life*. Esa vida quizá le resultara un poco atractiva a Rajab al principio. La paga era mejor que otros puestos de trabajo, y el trabajo no era difícil. En cambio, el desgaste de su alma y de su corazón debe haberle dolido cada noche. Sin duda, dormía con dificultad y sus sueños solo desaparecían en la arena del desierto.

Creo que había una voz dentro de Rajab que seguía diciéndole: «No, no voy a seguir por este camino. Merezco algo mejor. Soy digna de algo más». En cambio, siguió humillándose delante de hombres extraños que destrozaban su autoestima.

Rajab padecía del síndrome de PF, una enfermedad que moldea la vida de muchas mujeres, tanto entonces como ahora. Sé que nunca has oído de esta. Yo tampoco la conocía. Pronto te diré lo que significa. Pero primero, ten paciencia y escucha la historia de otra *girl* que vivía la *crazy life*. Aunque no cayó en la misma profesión de Rajab, vivía la misma vida fácil, divertida y emocionante.

Solo quiero bailar

«Me voy» declaró Maribel, mientras la puerta se cerraba tras sí. Eran como las diez de la noche. Llevaba medias largas con el color perfecto para complementar su falda corta, la cual mostraba más piernas de las que veías en un cubo entero de pollo *Kentucky Fried Chicken*. Razonaba que se había ganado el derecho a pasarse la mitad de la noche fuera de casa después que sus niños estaban en la cama. Y su esposo no apartó los ojos del televisor, mientras sus tacones altos hacían clic por las baldosas del suelo y salió por la puerta.

Estaba casada y tenía dos hijos, pero su corazón anhelaba la música alegre, los hombres que la piropeaban y la sensación que le producían las peligrosas drogas. Parecía tener un deseo insaciable de bailar noche tras noche. Su esposo estaba a punto de dejarla, pero su sed por otros hombres la atraía con un poder más fuerte que la cocaína que usaba.

Estaba demasiado endurecida para sentirse culpable en cuanto a sus decisiones. Sus ojos verdes brillaban con una imitación vacía de la felicidad. Sus noches estaban llenas de risa, pero sus días se burlaban de ella con el silencio del callejón sin salida que había forjado para sí misma. Maribel era una triste *girl* que vivía una vida loca. Y lo has adivinado: también era una víctima del síndrome PF.

Necesito el dinero

Las circunstancias de Trina se parecían a las de Maribel. Disfrutaba el buen dinero que recibía como una bailarina nudista. Podía ganarse más en una noche bailando que en una semana trabajando como cajera. Los hombres que iban a verla bailar le daban asco, pero pensar en los beneficios y cómo crecía su cuenta bancaria hacía que la experiencia fuera soportable. Noche tras noche se armaba de valor para soportar las miradas y los comentarios horribles. Y sí, el síndrome PF se había apoderado de ella de igual forma.

De acuerdo, voy a incluir mi vida aquí también. Durante mis años en la universidad, aunque no era promiscua, prefería llevar una vida emocionante que incluía recibir un montón de atención de los chicos en el campus. Cuando terminaba de estudiar para los próximos exámenes, me concentraba en el fin de semana que se aproximaba. ¿Había sonado el teléfono en el dormitorio? En ese entonces solo teníamos un teléfono para todas las chicas de nuestro piso del dormitorio. Cuando sonaba, todas esperábamos que fuera para nosotras.

Dejando a un lado el orgullo, muchas veces la llamada era para mí. *Yes, that's good,* qué bueno, otro muchacho me invitaba a salir. Ya estaba lista para el viernes, ¿pero qué del sábado por la noche y del domingo por la tarde? Necesitaba citas para esos momentos también. Siendo una *girl* que se esforzaba por lucir bien, casi siempre podía conseguir una cita. Es más, como pueden dar fe mis amigas más íntimas de la universidad, algunas noches tenía dos citas, una por la tarde y otra después. No tenía relaciones sexuales, sino un interminable coqueteo mientras me empapaba de sus elogios y comentarios halagadores que calmaban la inseguridad que ardía dentro de mí. ¿Me atrevo a decir que mi comportamiento era debido al síndrome PF?

¿Y qué de mi buena amiga Nancy? Corría de una animada fiesta universitaria a otra, y las bebidas alcohólicas que bebía toda la noche se extendían por su torrente sanguíneo con rapidez. Sola durante el día, se purgaba después de cada comida. ¡Cielos! Temía que se le vieran esos kilos adicionales, y la imagen de perfección que había forjado se le desmoronaría. Su adicción a las bebidas y a los atracones la hacía llorar hasta quedarse dormida. ¿Tenía Nancy un PF? ¡Por supuesto!

Lencería de víctima

¿Qué les pasa a estas *girls?* ¿No se dan cuenta? Todas, incluso yo, son las tristes víctimas del síndrome PF... un Pasado Feo. Es feo porque no lo merecíamos, ni lo buscamos, ni supimos cómo lidiar con él. Casi cualquier mujer puede estar plagada por su pasado: la vecina, una líder de la iglesia, una compañera de trabajo, una tía, una amiga de toda la vida. No siempre lo podemos ver porque la mayoría de nosotras logra enterrar nuestro PF... muy profundo de verdad.

Todas estamos compuestas de lo que hemos vivido, incluyendo episodios de daño, rechazo, abuso, injusticia y maltrato. Todos estos son parches que se juntan como parte de la colcha de nuestra vida adulta. Y digamos la verdad: debido al PF, casi todas nosotras nos hemos quedado con el hábito lamentable de dar largos suspiros que terminan con un triste quejido. Terminamos haciendo todas nuestras compras en una tienda de lencería llamada «Víctimas de Victoria». Sin embargo, ¿sabías que vestirse de «víctima» es increíblemente poco favorecedor? Es de mal gusto en realidad. Entonces, antes de que diga algo más sobre esto, miremos el PF de las mujeres que acabo de mencionar.

Las Escrituras no nos revelan mucho sobre el pasado de Rajab, pero sabemos que creció en una sociedad pagana, una que no amaba a Dios ni seguía sus preceptos. No nos referimos a la pura y dulce Ester. La niñez de Rajab quizá estuviera, como la de muchas otras que han vivido la vida loca, desfiguradas por heridas, dolor y cicatrices que dan escozor todavía.

Aunque no sabemos mucho sobre la historia de Rajab, sí conocemos el porqué de la sed que tenía Maribel de vivir la *vida loca*. Mientras crecía, su apartamento le daba cabida a un lugar de prácticas ocultistas (al parecer, santería). El padre de Maribel se ocupaba de seguir cada extraño y perverso ritual, que incluía el sacrificio de animales y ofrendas de frutas, flores y plumas para complacer a los varios dioses y santos. Henry, el mejor amigo del padre de Maribel, dirigía la práctica de estos rituales espantosos, pasando mucho tiempo en el apartamento de su familia. Un día, Henry le sonrió con cinismo y la acercó a él. Su aliento caliente y apestoso la hizo estremecerse cuando le dijo: «Sabes que eres fea y nunca serás nadie».

El padre de Maribel visitaba a varios médiums, realizaba rituales misteriosos y obligaba a que su madre los realizara también. A exigencia de su padre, la madre de Maribel bañaba a la jovencita en una bañera llena de gardenias y perfumes fuertes comprados en la *botánica* del barrio. Creía que esos baños especiales alejarían a los espíritus malos. Cuando era adolescente, Maribel se quedaba en su habitación, tratando de proteger a su hermana menor del abuso físico y emocional de su padre. La única forma de estar a salvo de sus golpes era fingiendo que estaba de acuerdo con sus acusaciones irracionales y obedeciendo sus caprichos extraños. ¿Puedes culpar a Maribel por tratar de aliviar ese dolor?

Trina pasó su dolorosa niñez en una serie de hogares sustitutos, en los que se sentía vacía e insegura. Nunca conoció a su padre, y su joven corazón se angustió cuando la separaron de sus hermanos. Y lo que es peor, su madre tenía un desequilibrio mental, y durante sus breves visitas supervisadas, trataba a Trina con crueldad.

Ahora vamos a mi pasado. Mi situación no fue tan dramática como la de Maribel ni la de Trina. Cuando todavía estábamos en Bolivia, mi familia vivía con mis abuelos maternos. Antes de nacer yo, mi abuelo se sometió a un tratamiento cerebral en un intento por curar su alcoholismo. Este tratamiento trajo como resultado un trastorno mental serio que produjo un comportamiento espantoso. Mi abuelo con frecuencia estallaba en violentos episodios de abuso emocional y verbal. Siendo yo una niña pequeña, me aferraba a mi madre en busca de protección y cuidado. Sin embargo, mi corazón de cinco años tenía hambre del amor y del afecto de mi *daddy*. Anhelaba oírle decir que se sentía orgulloso de mí. Aun así, él estaba luchando con su propio callejón sin salida. Incapaz de ganar suficiente dinero para abandonar el hogar de mis abuelos, *daddy* llevaba una gran cantidad de dolor en su corazón. Es probable que su frustración le impidiera mostrarme afecto y cariño. Ese lugar vacío en mi corazón lo llevé conmigo a la universidad, donde traté de llenarlo con la atención y el afecto de los hombres de la universidad.

Bonita por fuera y popular, Nancy era una animadora vivaz y una estudiante modelo. En cambio, detrás de su uniforme de animadora escondía una inseguridad ansiosa, un temor constante de fracasar y perder la aprobación de los demás, en particular de su papá, a quien adoraba. Un día él le preguntó: «¿Estás engordando un poco?». Sus palabras expresaron lo que ella temía: que ya no era perfecta. Confundida, buscó el consuelo en una bolsa llena de galletitas. Luego, la culpa se convirtió en un ciclo peligroso que la llevó a un trastorno alimenticio y, con el tiempo, al alcoholismo.

Entonces, ¿qué te parece mi desastre?

Apuesto que sé lo que estás pensando, *my friend*. Es probable que te estés diciendo: «Claro, estas mujeres han tenido algunos problemas, pero no sabes la pesadilla que he vivido yo». Y tendrías razón. No conozco tu historia.

No obstante, he aquí lo que conozco. Cada una de nosotras tiene algún pasado feo. Todas luchamos con el síndrome PF. Todas traemos cicatrices profundas de experiencias que tuvimos como *little girls*, jóvenes adultas o incluso como mujeres maduras. Sí, algunas hemos experimentado desilusiones del tamaño de Brasil. Y los recuerdos de esos acontecimientos pueden cincelar nuestro corazón hasta que ya no deje de sangrar.

Te tengo unas noticias alarmantes: el dolor, la desilusión, la tristeza y la angustia no discriminan. No les importan nuestra edad, etnia, ni si estamos bien vestidas, ni si dependemos de la ayuda social. Y el grado del trauma que hemos experimentado o el momento en que llegó a nuestra vida no es lo importante. Lo que más importa es que reconozcamos los efectos que el PF tiene en nuestra vida actual. No solo los efectos de los mismos acontecimientos, sino también el efecto de nuestros esfuerzos desesperados por ocultar lo que hemos vivido. Somos maquilladoras que hemos perfeccionado el arte de encubrir lo que nos abrasa por dentro. Nos ponemos el maquillaje espiritual para enmascarar el dolor, nos aplicamos base para cubrir los rastros de nuestras lágrimas y forzamos una sonrisa. Aun así, muy pronto los ojos comienzan a mostrar la angustia debajo del rímel negro, y el esfuerzo de arrastrar esa pesada carga hace que nos duelan los huesos.

Entonces, el miedo y la ira se añaden al desastre. Tememos tanto no encajar, no dar la talla, y el complejo de incapacidad se convierte en parte de nuestro pensamiento. A veces acallamos esos pensamientos. Otras veces gritan tan alto que no oímos otra cosa. En cambio, nunca, jamás, se dan por vencidos. Al contrario, van aumentando en poder porque lo permitimos. La lucha constante hace que el enojo salga a flote. Y cuando venimos a ver, aceptamos que no nos queda más remedio que vivir con complejo de insuficiencia, temor y enojo. Creemos que así nacimos. Nos conformamos con el papel de víctimas y vamos por el mundo arrastrando ese PF por doquier.

¿Has conocido a una *girl* así? Demasiadas de nosotros andamos por ahí como si tuviéramos una cadena en el cuello que nos mantiene atadas a un cubo de basura. Arrojamos toda la basura del pasado en ese cubo y lo llevamos siempre a rastras. Pronto su peso aprieta la cadena que llevamos al cuello y nos va dejando la espalda en carne viva. ¿Qué otras opciones nos quedan sino buscar los bálsamos del exceso de comida, las compras, el alcohol, las drogas o el sexo para aliviar el dolor?

Quitemos el retrovisor

My friends, no estoy diciendo nada nuevo ni revelador en particular. Es la realidad de la vida. A pesar de eso, cada una de nosotras debe elegir cómo responder. O llevamos nuestro PF a la tumba, o hacemos algo maravilloso: lo soltamos.

Wow! ¿Cómo lo hacemos? Tal vez una mejor pregunta sería: ¿Queremos hacer eso? Excavar el pasado, revivir los recuerdos, revisar los dolorosos detalles pueden hacer surgir basuras que no somos capaces de soportar ahora mismo. Es cierto. Eso puede pasar.

No obstante, quizá sea hora de levantar el mentón, enderezar los hombros y hacer lo que hizo cada una de las amigas cuyas historias leíste: Decidieron dejar el pasado en el pasado. Y, *¡arriba!* Puedes escoger vivir una vida plena ahora.

La vida no se diseñó para que la vivamos como un verbo: con un tiempo pasado, un tiempo presente y un tiempo futuro. Una vida con significado nunca se vive en el tiempo pasado, sino en el presente y en el futuro. Así que para las que hemos decidido comprar en la tienda de «Victoria de Victoria», no hay lugar para que estemos viviendo en el pasado. Y con audacia latina, podemos seguir adelante, decididas a no volver a mirar en el retrovisor de nuestra vida.

Bueno, ¿por dónde se comienza?

Justo ahora, quizá quieras agarrarme por los hombros y sacudirme con tanta fuerza que se me caiga el rizo de mi pelo. Quieres mirarme a los ojos y con dientes apretados gritar: «No lo puedo hacer. Ya he tratado de deshacerme de mi PF, ¡pero no puedo!».

Si te sientes así, quiero montar en cólera y gritar: «¡Sí!». ¿Por qué? Porque acabas de dar el primer paso. Has reconocido que no hay nada que valga la pena, *nothing* en lo absoluto, que puedas hacer por tu cuenta. En cambio, eso significa que vas rumbo a la restauración. Reconocer nuestra fragilidad es el primer paso. Así como hay que arrancarle las plumas al pollo antes de hervirlo, reconocer que necesitamos ayuda es el primer paso hacia la victoria.

Jesús, el sanador divino, el Rey de reyes, es el único que tiene el poder para cortar la cadena que nos ata, liberarnos y pasar sus dedos sanadores por la herida que en nuestro cuello dejó la cadena que arrastrábamos. ¿Es fácil? No. Es duro porque nos hemos acostumbrado al olor de la basura. Es más, aunque parezca triste decirlo, insistimos de manera sutil que es más cómodo seguir adelante con lo que ya conocemos. Es más fácil seguir viviendo en la prisión que hemos levantado con barras de excusas. ¿Excusas? ¡Ay! Eso duele... porque es cierto.

¡Abajo con el PF!

Sin embargo, como sabe las ansias que tenemos de ser libres, Jesús ya tiene la mano extendida hacia nosotras. Y si nos quedamos quietas mientras Él se acerca lo suficiente para romper esa cadena, disfrutaremos de una libertad más rica que el flan de la *grandmother*. Mientras saboreamos esa libertad, podemos esperar que sucedan cosas maravillosas.

Eso le pasó a Rajab cuando reconoció quién era Dios. Como había oído de las obras maravillosas del Dios de Israel, decidió hacer lo que fuera necesario para salvar a los que seguían al Señor. ¿No quisieras que la Biblia nos dijera más sobre la manera precisa en que se efectuó su transformación? ¿O cuándo y cómo se arrepintió? ¿Cuándo eligió darle le espalda a la *crazy life* que había vivido, o aun cuándo se comprometió a algo diferente? Entonces, aunque Dios no decidió revelarnos esos detalles, sabemos que llegó a ser una mujer con una unción sagrada, un propósito especial, un plan definido y un futuro asombroso. Llegó a ser un eslabón en el linaje de Jesús, el Salvador de la humanidad. ¿Te imaginas?

Así que, si Dios le dio a Rajab esa posición divina a pesar de su trasfondo, su pecado anterior, su comportamiento vergonzoso y su lamentable autoestima, el Señor también tendrá planes para ti y para mí, sin importar lo que hayamos hecho, lo que hayamos soportado, cómo nos hayamos comportado que dejamos boquiabiertos a los demás y ni siquiera los lugares en los que hemos estado.

Maribel experimentó esa transformación y renovación de vida. Cuando conoció a Jesús, dijo: «No más». Se arrepintió y dijo: «Jesús, sé mi Señor y mi todo».

El mismo Jesús que se encontró con la samaritana junto al pozo, se encontró con Maribel donde se encontraba esta: sufriendo, anhelando y atrapada en la prisión de su PF. Se acercó lo suficiente para escuchar su arrepentimiento. Jesús le borró sus pecados, sanó su matrimonio y comenzó a ejecutar un plan para su vida. Maribel en la actualidad es una dinámica mentora, líder de ministerio y oradora para multitudes que quieren saber cómo ser libres de sus propios PF. Y como Maribel ahora baila al nuevo ritmo de su amor por Jesús, este la ha recompensado con sabiduría. Ahora utiliza sus conocimientos para ilustrar la victoria sobre el PF y llevar a las personas a levantarse y salir de la corrupción de su pasado.

Trina también se alejó de lo conocido. Dios le envió un hombre que la ayudó a concebir un futuro diferente para sí misma, un hombre que la amó lo suficiente como para casarse con ella y ayudarla a dejar atrás su vida como bailarina exótica. Y conoció al Hombre que hizo sus sueños realidad: Jesús. El Señor la levantó y le limpió las manchas de inseguridad y vergüenza. Jesús la arropó con su manto de compasión y gracia. Hoy Trina es una mujer tierna, una mamá, una abuela y una cantante de iglesia que siempre está lista para cantar del amor redentor de Jesús.

Y yo aprendí que el amor que manifestó Dios al enviar a Jesús compensa cualquier deficiencia de mi padre. No solo eso, sino que el perdón y la comprensión brillan a través de la nueva vida que me ha dado Dios. Cuando tengo sed de oír palabras de consuelo y amor, mi *Daddy* celestial los derrama en cantidades que hacen que mi corazón rebose. Mi esposo llenó mi vida como mi pareja y compañero. Y Jesús llenó el vacío de mi corazón.

¿Qué le pasó a Nancy? Después de dejar su pasado atrás y decirle «Sí» a Jesús, Él le dijo: «Ven, querida hija, te voy a llevar en un viaje». La ha llevado a más de cincuenta y siete países alrededor del mundo. Como la embajadora global para el ministerio evangélico más grande del mundo, Nancy usa su estilo dinámico y su pasión para proclamar el poder sanador y la bondad de Dios en medio de la adicción. Eligió dedicarle su vida a Aquel que garantizó que nunca la dejaría y que la amó tanto que murió por ella. Ahora viaja por todo el mundo, hablándoles a miles de mujeres que están atrapadas en la derrota.

¿Obstinada?... ¿Yo?

La transformación de ninguna de estas *girls* fue inmediata. En algunos casos, la preparación ocurrió a fuego lento. ¿Por qué? Porque a veces nos atascamos en el asiento de la obstinación. Y debido a que el Señor lo sabe, nos dio un ejemplo vívido.

En Juan 4, Jesús se encontró con una mujer junto a un pozo. No se menciona su nombre en la historia, y me atrevo a decir que sé por qué. Esa mujer tiene el nombre tuyo y el mío. Es cada mujer que anda por la vida sedienta de ser libre del pasado. Es cada mujer que se rasca la cabeza preguntándose dónde se encuentra la felicidad. ¿Dónde está la paz completa y duradera?

Cuando Jesús la conoció, no le preguntó de su pasado ni de su niñez, si era feliz, o si estaba triste o traumatizada. En lugar de eso, le ofreció algo que cambia la vida. Le ofreció el agua de vida que fluye de Él y sacia las almas sedientas y lava pasados feos. Al oír de esta agua viva, su reacción fue semejante a la que serían la tuya y la mía. Con entusiasmo rebosante, le pidió de esa agua. Jesús, en cambio, es probable que le dijera con una dulce y tierna voz:

—Ve a llamar a tu esposo, y vuelve acá —le dijo Jesús.

—No tengo esposo —respondió la mujer.

—Bien has dicho que no tienes esposo. Es cierto que has tenido cinco, y el que ahora tienes no es tu esposo. En esto has dicho la verdad (Juan 4:16-18).

La Biblia no dice que se sonrojó de vergüenza ni que miró hacia otra dirección por la pena que sintió. Más bien cambió el tema y preguntó algo que no tenía nada que ver con lo que Jesús le había ofrecido. Le preguntó acerca del lugar apropiado para adorar según sus tradiciones. Y entonces hizo algo que todos hemos hecho de vez en cuando. Pasó por alto lo obvio. De pie delante de Jesús, el Cristo, cara a cara, en la claridad del brillante sol del mediodía, dijo:

—Sé que viene el Mesías, al que llaman el Cristo —respondió la mujer—. Cuando él venga nos explicará todas las cosas.

Entonces, Jesús le dijo con toda claridad:

—Ese soy yo, el que habla contigo (Juan 4:25-26).

¿Qué le pasaba? Está hablando con el mismo Cristo, pero no lo reconoce. *One moment.* Seamos indulgentes con ella. Hacemos la mismísima cosa. Al leer estas líneas, Cristo te está diciendo lo mismo a ti: «*Girl,* estoy aquí junto a ti. Mi Espíritu Santo está presente, susurrándote. Entonces, ¿por qué sigues esperando ese momento en que te encuentres conmigo? Estoy aquí cara a cara contigo, ofreciéndote libertad de esas cadenas y esos anhelos, ofreciéndote la plenitud de esa paz de la que tu corazón está sediento». Y si decides quitarte esas gafas oscuras, te inclinas hacia Él, con ojos del tamaño de los platos finos de la *grandmother,* reconocerás a Jesús. Quizá con un grito preguntes: «¿Eres tú, JESÚS?».

A continuación, lo sientes... y lo sabes. Es Él, real y vivo.

Después de tragar saliva, con pasión en tu voz, convicción en tu corazón y sin recelos humanos, declaras: «Señor, te creo. De veras te creo, porque dijiste: "Ciertamente les aseguro que el que oye mi palabra y cree al que me envió, tiene vida eterna y no será juzgado, sino que ha pasado de la muerte a la vida"» (Juan 5:24).

El pasado está muerto, pero el futuro está vivo, brillante, y esperando por ti y por mí.

Es tu turno

Bueno, *my friend,* basta de analizar. Ahora te toca abrir el corazón, abrir esos labios rojos y, metiendo la timidez en la cartera, declarar con toda la sinceridad que te enseñó tu *grandmother*: «Señor, somos solo tú y yo. Cancelo mi membresía en el club PF porque voy a seguir adelante, danzando contigo al ritmo de tus promesas de sanidad y restauración. Estoy cansada de vivir en el desierto... en el dique seco de mi dolor».

La respuesta de Dios es dulce, pero directa: «Olviden las cosas de antaño; ya no vivan en el pasado. ¡Voy a hacer algo nuevo! Ya está sucediendo, ¿no se dan cuenta? Estoy abriendo un camino en el desierto, y ríos en lugares desolados» (Isaías 43:18-19).

Esos ríos, frescos y atractivos, nos llaman a ti y a mí. Se acabó la *crazy life*, y solo queda la *life of love*. Se acabó eso de arrastrar la basura maloliente detrás de nosotras; solo queda la dulce fragancia de la libertad, la que nos libera de nuestras debilidades, nuestros defectos y fracasos. Comencemos de nuevo. Es más fácil hacerlo ahora. Vamos a levantar el mentón, llevar los hombros hacia atrás y poner nuestros brazos en los brazos de Jesús. Vestidas con trajes que nos ha dado el Rey de reyes, nos aferramos a Él y damos pasos firmes hacia el mañana.

Y con esa pasión fresca que ahora se mueve en nuestro corazón latino, gritamos: «Vamos todas, busquen las maracas. Es hora de celebrar la fiesta de la vida. La libertad es nuestra, y tenemos un nuevo comienzo. Seguimos a Jesús a quien amamos con todo el corazón, con todo el ser y con toda la mente».

Detesto cuando Dios calla

El temor de que Dios no conteste
añade angustia al dolor.

My friend, adelante, échale un vistazo al espejo. Si has podido desechar ese feo pasado, sin duda te estás viendo más joven y con más vida. Quizá haya momentos en los que vuelvan algunos recuerdos perturbadores, pero no es necesario asustarnos. El pasado no ha desaparecido. Lo que ha desaparecido es el control que el pasado tenía sobre ti. Así que, *young woman*, agarra tu *coffee with milk* y acomódate en ese sofá suave. Es hora de ver lo que pasa en el presente y descubrir lo que puedes esperar en el futuro.

Como ese ritmo pegajoso de la salsa que fluye en nuestra sangre latina, los problemas fluyen en nuestros días: malas noticias del médico, temores financieros, batallas que nos agotan, conflictos que nos desvelan y agendas atiborradas que nos dejan fatigadas. Entonces, cuando toda esa tensión se nos viene encima, dejamos caer los hombros, tragamos fuerte y hacemos lo que nos enseñó a hacer nuestra *mommy*. Oramos. Pedimos y suplicamos: «*Please*, Dios... ¿puedes cambiar mis circunstancias, contestar mi oración o enviarme sanidad, *soon*?».

Cuando Dios parece guardar silencio, nos llenamos con grandes porciones de estrés adicional. La tensión nos hace retorcernos de impaciencia y caminar de un lado del cuarto al otro. ¡Ni siquiera podemos mordernos las uñas porque son de acrílico! Así que sudamos y esperamos y esperamos. «*Wow!* ¿Cuándo Dios me dará la solución?»

Una mujer en la Biblia llamada Ana pasó por algo semejante. Ana y Penina estaban casadas con el mismo hombre. Penina le había dado hijos a su esposo, pero Ana no. «Penina, su rival, solía atormentarla para que se enojara, ya que el SEÑOR la había hecho estéril. Cada año, cuando iban a la casa del SEÑOR, sucedía lo mismo» (1 Samuel 1:6-7).

Parece nunca terminar

¿Año tras año de tormento y oraciones no contestadas? Dios mío, eso es demasiado tiempo para esta *girl*. Me pregunto si tú y yo resistiríamos como Ana. ¿Controlaríamos la irritación que chisporrotea y seguiríamos orando con la serenidad de un tulipán? Me parece que no. Si tú y yo estuviéramos en su lugar, quizá la historia hubiera sido diferente. Un día, si Penina cruzara la línea y se burlara demasiado de nuestra desventura, quizá nos dirigiéramos con firmeza hacia ella, arrojáramos nuestro pañuelo arrugado al suelo y le diéramos una bofetada.

O es posible que no hiciéramos eso. Al contrario, quizá nos tomáramos otro trago de autocompasión. Y bajo el calor del sol, nos sentáramos en el banco de piedras junto a nuestra tienda, y con lágrimas de envidia corriéndonos por las mejillas observáramos a los hijos de Penina jugar y reír.

La verdad es que cosas como esta aún ocurren hoy. Todas tenemos las Penina. Son nuestras rivales que nos están tirando agudezas, esperando que perdamos el dominio propio y las ataquemos. Son las que nos hacen querer tirarnos en la cama, hundir la cara en la almohada y gritar: «Estoy cansada de orar... ¡No aguanto más!».

Sin embargo, siendo las calmadas y maduras *girls* cristianas que somos, suprimimos todas esas cosas y evitamos el comportamiento irracional. Por fuera, parecemos que estamos controladas, porque leemos la Biblia y creemos en el poder y el amor de Dios. Hasta sonreímos con satisfacción porque hemos dominado el arte de memorizar versículos bíblicos.

La conmoción de nuestra emoción

Entonces, aun cuando memorizamos todos los pasajes bíblicos, aun cuando nuestras creencias son adecuadas, todavía puede haber un problema. A veces tenemos todos los datos en el cerebro, pero nos falta la sabiduría de Dios en el corazón. Estoy hablando de esa sabiduría divina que va delante de nosotras para reconocer e identificar a los buscapleitos.

Los buscapleitos a los que me refiero son las emociones negativas. Aunque nuestras emociones son parte de la manera en que nos creó Dios, a veces esas emociones calientes llenan nuestro corazón latino y nos tupen los oídos y nos impiden que oigamos la respuesta. Con poca sutileza, estas emociones tocan los bongoes del desaliento, la duda o la derrota. Refuerzan lo negativo, diciéndonos que está bien esperar una respuesta con ansiedad, impacientes, si no sucede en el momento que queremos, preocupadas que nada va a cambiar y temerosas de que Dios no esté escuchando.

Con frecuencia les damos a las emociones negativas un poder que no merecen. Y, si no nos cuidamos, ay... quizá ganen. No me gusta confesarlo, pero esto lo conozco muy bien. Muchas veces he avanzado hacia el campo de batalla con mis tacones altos, llena de una tonta confianza en mí misma, pero desestimando el poder de las emociones destructivas.

¿Recuerdas cuando relaté el momento en el que perdí la vista por completo? Después que sucedió, di un último sollozo de desesperación, y entonces hallé los brazos seguros de Jesús que me esperaban para guiarme. Esto fue un nuevo comienzo para mí. Y como su hija nueva, con risas de emoción, comencé otra vez, pensando que nada podría desanimarme ni hacerme retroceder.

¡Huy! ¿Podría ser más débil mi pensamiento? Esta latina demasiado entusiasta no conocía la fuerza de su naturaleza pecaminosa. No obstante, esa es la realidad de la vida, *my friends*. No importa cuán santas digamos que somos, el pecado y las emociones destructivas vienen en pares como las medias largas. Y la lucha por vencerlas es feroz.

La pobre Ana sabía de esto, pero se mantuvo firme en contra del pecado y sus tristes emociones, en especial cuando las pullas de Penina la atormentaban. Y atreviéndome a compararme con Ana, yo también tenía mi propia Penina que me irritaba. Esta enfatizaba el desaliento. Me decía: «Jamás vas a poder cuidar a tus hijos de tres, cinco y siete años». La creía porque a menudo trataba de tocarlos, pero no sabía bien dónde estaban. Quería ayudarlos con las tareas, pero no podía.

La inseguridad en cuanto a mi matrimonio también aumentaba mi ansiedad. ¿Qué hará tu esposo? ¿Cómo puede amar a una ciega? Se casó con una mujer saludable y atractiva que podía comerse el mundo. ¡Y mírate ahora! Una parte de mí estaba de acuerdo con la afirmación de mi Penina. Mi matrimonio llegó a estar terriblemente inestable, y *my husband* se volvió distante, confundido y desalentado en cuanto a nuestro futuro como pareja. (Hay muchos detalles desagradables sobre esto; lo explicaré todo en capítulos posteriores).

La autocompasión también asomó la cara: ¿Qué te va a pasar cuando los niños crezcan? ¿Podrás ser productiva? Vas a serles una carga a los demás. Mis padres estaban preocupados por mí; mis amigos no tenían ni idea de cómo ayudar. Y en cuanto a mí, las oportunidades de empleo eran tan escasas como un círculo de lectores para los ciegos.

My friend, ¿puedes ver cómo las emociones pueden atropellarte los sentidos y producir esa forma podrida de pensar que está tan lejos de la verdad de Dios? Por eso es que algunas de nosotras enfrentamos derrotas. Nos encontramos con ese pesimismo debido a que vivimos solo para que se nos conteste esa única oración, que se nos resuelva ese problema y que las cosas mejoren, cambien o sanen. Se lo suplicamos a Dios día y noche. Queremos mucho hallar esa paz... la paz que solo tendremos cuando recibamos la respuesta a nuestra oración.

Y cuando no llega respuesta alguna, o cuando la respuesta de Dios no es lo que habíamos esperado, le añadimos la insuficiencia a esa pila inquietante de emociones. No preguntamos qué estamos haciendo mal. ¿Será que no estamos orando con las palabras adecuadas? ¿Será que no estamos orando lo suficiente, o con suficiente fervor o espiritualidad? Y queremos gritar: «¿Podrá alguien enseñarme cómo hacerlo bien?».

El secreto que susurra

Yo había estado luchando con esas mismas emociones cuando le pedía a Dios que me sanara y me permitiera ver otra vez. Sin embargo, en medio de mi tiempo de oración, la vida llamó.

«Mami, quiero algo de tomar», voceó mi hijo de tres años. Me limpié las lágrimas con el dorso de la mano, y con la punta de los dedos fui siguiendo el borde de la cama y, luego, di unos pasos hasta la cómoda y la seguí hasta la puerta. Caminé a tientas hasta la cocina como lo había hecho por meses. Mis tres hijos pequeños se habían acostumbrado a mi nueva manera de navegar por la casa.

Aun así, todavía tropezaba al tratar de llegar a donde me dirigía. Y momentos como esos me empujaban a seguir preguntando: «Señor, *when?* ¿Cuándo me vas a curar?». Este fue uno de esos momentos cruciales para esta *girl*. Descubrí el secreto que pocos conocen, y que menos recuerdan aun: Para cantar victoria sobre las emociones dañinas y la hedionda autocompasión, tenemos que reconocer hasta qué punto ya nos ha traído Dios. Solo entonces podemos comenzar a ver cuán lejos nos puede llevar.

Entonces, ¿hasta qué punto me había traído Dios? Voy a presentarte la película de mi restauración. Esta es la primera escena: Cuando la ceguera llegó a mi vida, me vi como el trozo de grasa que mi *grandmother* le quitaba al pollo antes de cocinarlo. Me sentía sin valor, fea y apta para que me desecharan. Ese concepto que tenía de mi persona se burlaba de mí. Siempre había esperado vivir una vida de éxito. Me había deleitado en el lado lindo de la vida. Sin embargo, la ceguera lo cambió todo. La vida ya no era linda. Era oscura, espantosa e incierta. De modo que en medio de mis sentimientos de insuficiencia y pensamientos de autocrítica, Dios entró y decidió acelerar la restauración.

El infierno no es para mí

Primero, Dios notó lo perdida y confundida que yo estaba. *Entonces*, me imagino que Dios pensó: *necesitamos comenzar desde el principio con esta* girl. Y eso fue lo que hizo Dios. El primer paso fue hacerme una oferta. La oferta de salvarme de los fuegos del infierno. ¿El infierno? No era posible. ¿Para mí? Qué va. Yo era la *girl* buena que iba a la iglesia todos los domingos, confesaba mis pecados de vez en cuando y hasta trataba bien a los que vendían cosas por teléfono. El infierno no era para mí. Ese lugar caliente era para los que cometían pecados bien, bien grandes. A pesar de eso, Dios conocía mi ignorancia y me ofreció salvarme el alma de una condenación eterna. Me dijo: «Aquí está mi hijo Jesús. ¿Lo aceptas? Él murió por todos esos pecados. Conquistó el efecto de esas emociones negativas, y derrumbó la barrera del pecado que te hubiera prohibido el cielo. Y lo mejor de todo, Jesús está vivo y activo, y espera tu respuesta».

Cuando mi corazón oyó esta invitación, ¿qué crees que hice? Le di un «*Yes!*» enfático a Jesús. Y con el mismo fervor que le había pedido un milagro, le abrí la puerta de mi corazón. Le dije: «Entra. Lo que ves es desorden. Es caótico, de verdad. Las cosas están patas arriba debido a lo que he experimentado. No he tenido tiempo de limpiar. Los platos sucios de angustia todavía están en el fregadero. El piso tiene migajas de incertidumbre, y el temor ha dejado manchas en el sofá donde lloré tantas veces. No obstante, ven de todos modos, Jesús».

No lo sabía, pero Él había estado esperando a la puerta con el trapo y el blanqueador en la mano, ansioso de borrar las manchas de mi pecado. Y con tierna voz, me aseguró: «¿Sabes, querida *girl*? Aquí tienes mi Palabra y la promesa de que esta será lámpara a tus pies y lumbrera a tu camino. Y más allá de esto, te garantizo una vida eterna, la clase de vida que nunca termina».

Con un corazón limpio, tuve una gran sonrisa por primera vez desde que había perdido la vista.

Recordar cómo Jesús me salvó, cómo cambió mi manera de pensar y cómo me levantó de la oscuridad me dio una visión espiritual 20/20 para el futuro. Ahora, me alegra esperar que me cure. Y sé que me sostendrá con más firmeza si caigo cuando se acerquen las tormentas o cuando la vida se desmorone delante de mí. Por eso es que mis oraciones tocan la melodía del consuelo y repiten el coro: De la misma manera en que Jesús te apartó del dolor de ayer, te llevará a la victoria de mañana.

Celebra conmigo

Con esa canción de triunfo que nos lleva hacia el futuro, es tiempo de llamar a nuestras amigas a la fiesta de celebración. Es necesario invitar a los huéspedes: disposición a aceptar la verdad de Dios, entusiasmo para superar las penumbras, ánimo para cuando no vemos cambios, paz para vencer la duda y gozo para renovar nuestras fuerzas.

Entonces, mientras me preparaba para la fiesta, poniendo la comida en la mesa y parada sobre una silla para colgar la *piñata*, surgió la pregunta inevitable: «Janet, ¿por qué estás celebrando? ¿De verdad crees que Dios contestó tu oración? Todavía no puedes ver».

Es una pregunta lógica. Aun así, la respuesta es sencilla: Pedí lo que quería, pero Dios me dio lo que necesitaba. Lo leíste bien. *Of course*, claro, yo quería ver otra vez. En cambio, anhelaba con más desesperación aun tener seguridad, tenía hambre de una confianza genuina y tenía sed de paz. Cuando tenía la vista, tenía un problema. Me lanzaba a buscar satisfacción y significado, y esperaba hallarlos en títulos universitarios, relaciones significativas, una casa bonita, autos lujosos y otras basuras. Sin embargo, esa sensación profundísima de paz y seguridad era tan elusiva como la nieve en el verano de Puerto Rico.

Y cuando abrí los ojos espirituales, estaban allí... listos y preparados para mí.

¿Qué me dices de esos momentos cuando pensé que Dios guardaba silencio? O lo que es peor, ¿qué me dices de cuando me imaginaba a Dios con los brazos cruzados, moviendo la cabeza y diciendo: «No. Estoy sordo a tus oraciones. Serás ciega por el resto de tu vida»? ¿Era verdad?

¡No, *sir!* Con apasionado amor por mí, Dios había estado obrando sin descanso todo el tiempo, elaborando la respuesta. Tan segura como que estoy escribiendo con este teclado, tenía la certeza de que Dios estaba respondiendo a mi oración debido a la seguridad que se encuentra en su Palabra: «Esta es la confianza que tenemos al acercarnos a Dios: que si pedimos conforme a su voluntad, él nos oye. Y si sabemos que Dios oye todas nuestras oraciones, podemos estar seguros de que ya tenemos lo que le hemos pedido» (1 Juan 5:14-15).

Ahí la tienes, la verdad que viene justo de la Palabra de Dios. Tú y yo podemos tener confianza al acercarnos a Dios cuando suceden dos cosas: Primero, cuando Jesús llena nuestro corazón; y segundo, cuando alineamos nuestras peticiones con su voluntad. La respuesta de seguro está en camino, y Dios es el que establece el tiempo según su cronómetro divino.

En mi caso, Dios quizá haya establecido que se demore un poco más de lo que se podría esperar. Al escribir estas líneas, han pasado más de dos décadas. Yo *still waiting*... sigo esperando. Aun así, *my friends*, la espera es gloriosa, rica e increíblemente llena de gozo.

Sigue por aquí hasta la sala de espera

¿De veras dije eso? ¿Que esperar es glorioso? *Of course*, lo es. ¿Gozoso? Sé que quizá te parezca un poco extraño. Es posible que la idea de que esperar puede ser un tiempo para celebrar te haga enarcar las cejas de sorpresa. Sin embargo, es verdad. La sala de espera es donde ocurre todo.

Hay dos grupos de personas. Un grupo exuda paz aun en las circunstancias difíciles. El otro incluye las personas que se ponen histéricas por cosas pequeñas como una línea larga en la oficina de correos. La diferencia entre las dos clases de personas es la manera en que decoran sus salas de espera.

Nadie ha pasado por la vida recibiendo una respuesta automática a cada petición. Tú y yo no somos la excepción. Todas hemos tenido que entrar a esa sala de espera de la vida.

Y mientras estamos ahí, sugiero que hagamos lo que hizo Ana cuando entró en su propia sala de espera. Como ella, debemos abrir las ventanas y permitir que entre la luz de la esperanza. Ana debe haber tomado unas clases sobre cómo decorarla mejor. En todo el cuarto, pintó con tonos de perseverancia. Pasaban los años, Dios no respondía, pero ella siguió orando. Penina se burlaba, Ana oraba. Otras mujeres tenían suficientes hijos para llenar dos tiendas de campaña. Ella no tenía ni uno. A pesar de eso, oraba. Su esposo le dijo que se espabilara. Ella oró. Su apetito la abandonó, pero siguió orando.

Para ella, su oración era por un bebé. ¿Qué me dices de ti? ¿Qué es eso que te mantiene sin poder decir: «Soy plenamente feliz»? Si ese «algo» no ha llegado todavía, Dios quizá te haya reservado un asiento en la sala de espera de su corazón.

Y mientras caminas de un lado a otro retorciéndote esas manos cuidadas, Dios está observando. Dios ve cómo te lanzas con afán al buzón para ver si ha llegado la respuesta. Dios se fija en cómo tu impaciencia te pone tan nerviosa que corres al refrigerador y te comes casi toda la tarta de ron, y cómo la preocupación te hace dar vueltas en la cama durante noches de insomnio.

Comprendo tu preocupación y tu impaciencia. He pasado por eso. ¡Pero *wow!* ¿Por qué nadie me dijo que Dios siempre está obrando?

¡Ay! Esa cincelada duele

Por si acaso tampoco te lo han dicho, te lo diré ahora: Dios está obrando. Y como eres más inteligente que yo, espero que te sea más fácil de lo que me fue a mí dar un último suspiro jadeante y mirar hacia arriba. Respira hondo. Lleva de nuevo esa tarta para el refrigerador. No hay lugar para la ansiedad, el estrés, ni la tensión porque en cada momento, y cada día que pasa, las manos de Dios están obrando.

Puedes limpiarte esas lentes, ponértelas de nuevo e inclinarte hacia delante para echarle un vistazo más de cerca a la circunstancia que deseas cambiar. Y, cielos, no ves ningún cambio. Antes de que la impaciencia se te convierta en indigestión, considera que la fe no mide los cambios visibles, sino la profundidad de nuestra fe. Confía en que el Dios del universo está actuando para remodelar nuestro corazón roto, cincelando cosas que no deben estar allí, añadiendo color en las partes desgastadas y puliendo nuestra vida para que brillen con su gracia. ¿Un poco incómodo? Sí, pero bien necesario.

No importa lo que estés buscando. Sea cual sea tu petición, el trabajo que debes hacer se encuentra justo detrás de la banda izquierda de tus costillas.

Te doy un ejemplo de cómo funciona esto. Mi amiga estaba en el taller bajo las manos del Maestro. Sin embargo, tenía que comenzar tomándose una pastilla de humildad para quedarse quieta. «Mi esposo me pone muy furiosa. Estoy perdiendo la paciencia», dijo. Su esposo había estado distante, lejano y a veces retirado de manera emocional de ella. Para aumentar su soledad, él no le daba cierta información, como cuánto dinero ganaba. La trataba como si fuera una extraña. Por años, ella le había pedido a Dios que lo cambiara, que suavizara su corazón y que pusiera en él deseo de ir a la iglesia. Le rogaba a Dios que lo hiciera más atento con ella y que le mostrara un poco de cariño.

Entonces un día, ¡ay!, Dios limó un poco su orgullo. Ella había estado segura de que su esposo era el que necesitaba la obra y la transformación. Ella había caminado por la senda que es de veras cristiana: activa en el ministerio, todos la amaban, la admiraban por sus cualidades como maestra. ¿Por qué Dios esperaba que cambiara? Por el contrario, sentía que Dios debía premiarla por su diligencia en servirle.

Dios mío, eso me parece confuso a mí también. Todas conocemos *women* que parecen hacerlo todo bien, pero tienen problemas, momentos difíciles y relaciones que no resultan. ¿Por qué Dios va a esperar que cambien?

«¿Sabes lo que hice?», me dijo mi amiga. «Me ofrecí para ver la televisión con él».

Sabía que eso era algo grande, porque su esposo veía programas que la dejaban loca del aburrimiento. A pesar de eso, quería mostrarle que se interesaba. Limitó las críticas. Además, otro paso enorme fue obligarse a quedarse callada y dejarlo hablar. Cuando sugería algo, en vez de poner los ojos en blanco, sonreía. Y cuando él regresaba a casa, ella iniciaba el cariño. Por años y años, ella le había pedido a Dios que lo cambiara. En su lugar, Dios hizo algo diferente en respuesta a su oración. Dios la cambió a ella.

Me llamó la otra noche. «No vas a creer lo que hizo. Me compró un reloj nuevo. He estado pidiendo eso por mucho tiempo. Y...». Se echó a reír. «Quiere comenzar a tener citas románticas nocturnas. ¿Lo puedes creer?».

Los cambios por los que clamamos con desesperación requieren una pausa. Necesitamos dar suficiente tiempo para que Dios actúe (¿estás lista?) no en la circunstancia, sino en nosotras. El proceso arde un poco, pero es necesario. Necesario como la *chicken soup* de la *grandmother*, la que esta quita del fuego solo cuando está cocinada, suave y lista.

Pudiera ser que necesitemos poner esa duda, aprensión, ira y ansiedad en el fogón y dejar que se evapore en el calor de la gracia de Dios. Entonces, *my friend*, y solo entonces, oirás del cielo, verás los resultados y te deleitarás en los tiempos ricos mientras esperas la respuesta.

¡Pero esa no es la respuesta que pedí!

Como *girls* inteligentes que somos, sabemos que la respuesta de Dios quizá no quepa en nuestro formato. El matrimonio de mi amiga se mejoró, Ana al fin tuvo su bebé, pero yo sigo ciega. La respuesta de Dios me vino, pero no por la vía de restaurarme la vista física. La respuesta fue librarme de una inseguridad dolorosa, de un pensamiento superficial y de la ansiedad por el mañana.

Hasta este punto en el libro, he sido muy sincera contigo... y no dejaré de serlo. ¿Deseo ver otra vez? *Yes*. Después de veinticuatro años de vivir sin vista, el deseo de ver una salida de sol o la sonrisa de mis nietos todavía se me asoma de vez en cuando. Pudiera ser que lo primero que vea cuando la mano amorosa de Dios restaure mi retina sea su rostro divino en la gloria del cielo. O si Dios restaura mi vista mientras todavía estoy en la tierra, y echo un vistazo a mi reflexión en un espejo... un gran suspiro se escaparía de entre mis labios por la sorpresa de todas las sorpresas: ¡ya no parezco tener treinta y uno!

Lo que sea que escoja Dios, *it's fine*; está bien porque mientras tanto, estoy ocupada, bien ocupada. Estoy decorando mi sala de espera. He preparado una pequeña mesa y he puesto una jarra de cristal llena de fe refrescante y una nota que me recuerde llenarla de nuevo cuando se esté quedando vacía. Además, tengo una suave silla de expectativa. Y cuando me acurruco en su suavidad, me relajo, esperando no tanto que Dios me sane, sino apoyarme en Él cuando mi mundo se vuelve inestable, oír de Dios susurros de aliento y fortaleza, y dejar que Él restaure mi pasión para seguir adelante cuando el mundo dice que es una pena que esté ciega.

Hasta me atrevo a esperar la provisión abundante de Dios para cada necesidad que tenga esta *lady* ciega. Y eso incluye la tecnología tal como este lector de pantalla me permite elaborar ideas para ustedes.

Dios las colecciona todas

Me imagino que quizá no te guste mucho mi afirmación. Después de todo, no tengo ni idea de tu situación: El hecho de que tu hijo se esté muriendo, o que tu esposo se acabe de ir, o que el cáncer ha llegado a tu vida.

Buenas noticias. Quizá yo no conozca tu situación, pero Dios se especializa en acompañarnos a través de tiempos de agonía, tristeza o temor. Y cuando te sientes en la cama en medio de otra noche de insomnio, cuando tus labios tiemblen y tu mente no funcione debido a la confusión, y las lágrimas de angustia y desesperación corran por tus mejillas, Dios estará ahí para recogerlas. El salmista declara que el Señor pone cada lágrima en su redoma (lee el Salmo 56:8, RV-60). Así que Dios conoce el sufrimiento que nuestras lágrimas contienen, la angustia que las contamina y la desesperanza que las mantiene fluyendo. Nuestro Dios está al tanto de todo. Y en un momento que no será ni muy tarde ni un segundo más temprano, la puerta de la sala de espera se abrirá y oiremos a Dios decir: «Tú esperaste, y yo respondí».

No obstante, lo que es importante, muy importante, es que hasta entonces, Dios irá restaurando el gozo que hemos olvidado, la seguridad que hemos dejado atrás y la paz que se ha convertido en algo extraño. Cada momento será otro paso firme hacia adelante. Y, *my friend*, nuestros días serán soportables porque tan cierto como la noche termina con la salida del sol, podemos tener la seguridad de la respuesta de Dios debido a que no se encuentra en la plegaria cuando pedimos, sino en la paz cuando esperamos.

Frenesí financiero

> Ninguna cantidad de temor puede aumentar
> nuestras cuentas bancarias, y ninguna cantidad de
> pérdidas puede reducir la provisión de Dios.

My friend, a veces somos criaturas extrañas. Nos sentamos en el sofá, tomando un cafecito y sintiendo que estamos bien. Entonces, cuando menos lo esperamos, alguna noticia impactante nos atraganta. Y en menos de lo que decimos *«what happened?»*, nuestras emociones brotan de cada nervio. Revolotean como una gallina después que la *grandmother* le partía el pescuezo.

Así que terminamos dirigiendo esas emociones negativas hacia cualquier persona que llegue a estar en nuestro camino. Eso es lo que hice yo. Después que unas noticias desalentadoras me descontrolaron las emociones, miré hacia donde estaba mi esposo con deseos de gritarle: «Te odio por meternos en este lío».

No, no odiaba a Gene. En su lugar, aborrecía la circunstancia. He aquí cómo empezó:

Un par de amigos le habían pedido a Gene varias veces que les manejara las finanzas de su pequeña empresa. Estaban luchando y necesitaban ayuda. Y siendo el tipo bondadoso que es, se sintió tentado. «Mi amor, ¿estás seguro?», le pregunté. «¿No pueden encontrar a otra persona que ayude? Además, ya tienes un buen trabajo con un buen sueldo y beneficios. ¿De veras quieres dejar eso?» «Tengo que ayudarlos», me dijo. «Necesitan a alguien con experiencia financiera. No te preocupes. Todo va a salir bien».

Quizá sí. Quizá no. Sin embargo, verlo dejar una posición segura con una compañía grande para trabajar en una compañía pequeña, inestable y con luchas me producía indigestión.

En realidad, ¿qué otra opción tenía? Vamos, *girl*, me decía. Tenía que apoyar su decisión porque soy su esposa, ¿no? Y después de todo, su disposición para ayudar a los demás lo hacía más encantador y adorable aún.

Así que mientras yo ponía mala cara ante su resolución, él se fue a su nuevo trabajo. Seis meses después de comenzar, fue muy evidente que la condición financiera de la compañía estaba fea... bien fea. «No hay dinero para pagar la nómina», me dijo.

Esto ya lo sabía, porque había visto cómo había disminuido su sueldo. Le mostré una falsa sonrisa y resistí la tentación de gritarle: «¡Te lo dije!».

La pequeña compañía tenía problemas enormes, mucho más serios de los que él podía manejar. Y mientras aumentaba la deuda al gobierno federal, los vendedores y los proveedores, también aumentaba mi resentimiento.

Sin embargo, como siempre, *my friends*, Dios tenía alguna lección preparada... para mí. Un día Gene llegó a casa después del trabajo y se veía que tenía malas noticias. Después de la cena, salimos a caminar. Él permaneció callado al principio. Era la clase de silencio que no augura nada bueno.

—¿Qué pasó hoy? —le pregunté.

Suspiró profundamente.

—Tuvimos que cerrar la compañía, cerrar el negocio.

¿Cerrar? ¿Estaba diciendo que iban a cerrar las puertas, que no veíamos más dinero? Me estaba diciendo que se había quedado sin trabajo.

Entonces, queridas *girls*, eso no era lo peor. Se aclaró la garganta como siempre hacía cuando algo malo, algo *bien* malo, iba a brotar de sus labios *gringos*.

—Hay un cien por ciento de penalidad en contra de nosotros.

Sabía que la palabra «penalidad» no parecía muy buena. Aun así, todavía no estaba segura de lo que estaba diciendo.

—¿Qué quiere decir eso de "en contra de nosotros"?

Dio un gran suspiro.

—Debemos ese dinero. La compañía había hecho un trato con el Servicio de Recaudación de Impuestos para pagar en pequeños incrementos los impuestos federales que habíamos deducido del salario de los empleados. Sin embargo, ahora, con el cierre de la empresa, quieren el importe total.

Respiré aliviada. La empresa no era nuestra, así que no estábamos involucrados.

—Como interventor... —dijo y se aclaró de nuevo la garganta—, soy personalmente responsable, junto con el presidente y el vicepresidente.

Me quedé helada. Podía entender por su tono de voz que la deuda no era pequeña.

—Eso no es justo. ¿Y cuánto esperan que paguemos?

Cuando me dijo que era una cuarto de millón de dólares, me dio un retortijón de barriga. Eso no lo podríamos pagar ni en toda una vida. Aunque la deuda estaba dividida entre los tres oficiales de la empresa, los intereses y las penalidades aumentarían con rapidez.

Todavía conmocionada, necesitaba comprender.

—Eso no puede ser cierto. ¿Estás seguro? ¿Lo has estudiado?

—Es una ley federal que cuando se deben impuestos sobre la nómina, los directores de la empresa son personalmente responsables.

Uno de los hombres se declaró en bancarrota con rapidez. Eso dejaba la cantidad entera entre nosotros y el otro hombre. «Dios», sentí deseos de gritar, «¿por qué permitiste que nos pasara esto?» Aun así, la respuesta de Dios no llegó de inmediato. Y la situación estaba a punto de empeorarse. Encima de esta enorme deuda, los ingresos de Gene se acabaron.

Empleamos a un abogado para que nos defendiera. Y, válgame Dios, sus honorarios casi me daban náuseas. Sin otra opción, usamos casi todos los fondos en nuestra cuenta de ahorros para pagarle. Y el resto se usó para hacer los primeros pagos de la deuda. Los ahorros para la universidad de nuestros hijos quedaron reducidos a nada, al igual que nuestras otras cuentas bancarias.

Y meses después, con Gene sin ingresos, no nos quedó nada. Cada dólar en cada cuenta y cada gasto, desde la hipoteca hasta los gastos de lavandería, había que declararlo al Servicio de Recaudación de Impuestos. Ellos tomaban esa información para decidir la cantidad que necesitábamos para vivir y se llevaban el resto.

Lo único que teníamos era mis entradas, que ni siquiera cubrían las facturas de servicios públicos. Tuvimos que conseguir fondos de préstamos bancarios, familiares y amigos para hacer algunos pagos. A pesar de eso, el dinero que conseguíamos ni siquiera se acercaba al total de la deuda.

Aborrecía la injusticia. Y una y otra vez repasaba los detalles en mis noches de desvelo. Sin mucha fuerza, envidiaba el valor de David. Veía imágenes de Goliat, con las letras *Servicio de Recaudación de Impuestos* tatuadas en su enorme frente, que con fuertes pisadas avanzaba con lentitud hacia nosotros. Y con sus enormes manos nos arrancaba cada dólar.

«¿Me puedes regalar un Nintendo para la Navidad?» Nuestro hijo mayor tenía trece años en ese tiempo, y ese era un juego popular entre los niños de su edad.

«Esta Navidad va a ser diferente», le dije sin entrar en detalles. Muchas cosas serían diferentes. Hasta tuvimos que dejar de comer en McDonald's.

Ni siquiera van a la iglesia

¿Te ha pasado algo como esto? ¿Has visto a tu mundo ponerse patas arriba debido a una situación injusta y fuera de tu control? No hiciste nada para merecer tal escenario. Y al tratar de analizar los detalles del caos, crees que estás haciendo lo debido. Sin embargo, la profunda injusticia sigue golpeando tu mejilla maquillada. A pesar de lo que haces, nada parece dar resultados. Para aguzar tu dolor, miras a tu alrededor y vez a otras personas que viven bien con vidas sin molestias, felices y prósperas. Y para agregar a la indignación, ni siquiera van a la iglesia. «¿Cómo es eso, Dios?», quieres preguntar. Las consecuencias inmerecidas traen un profundo resentimiento que quema más que los chiles jalapeños de la *grandmother*.

Entonces, llega lo más grande: la culpa. En mi caso, comencé a preguntarme si no tenía que haber sido más firme con mi esposo y no haberle permitido que dejara su otro trabajo.

Un poco de rebelión comenzó a salir a flote. ¿Por qué debo apoyar siempre sus decisiones? ¿No sabe Dios que un hombre como Gene a veces puede pensar al revés y hacia atrás?

Estamos chifladas, *girls*, ¿verdad? Nos gusta echarles la culpa a los demás... a nuestros esposos, en particular. Y de cierta manera vergonzosa, hallamos un poco de satisfacción al hacerlo. En cambio, esa no es la respuesta.

La solución es difícil de tragar. Debemos levantar la cabeza en alto y repetirnos que somos mujeres piadosas. Y una y otra vez, debemos repetirnos que somos capaces de enfrentar las dificultades más duras. Y con un brillo en el rostro, debemos comprometernos a superarlas a toda costa.

Yo lo intenté. De veras que sí. Asumí las tareas diarias con el estilo que se describe en Proverbios 31.

No obstante, esta mujer de Proverbios 31 se puso fea cuando Gene recibió el correo un día y abrió un sobre. «Es del Servicio de Recaudación de Impuestos».

Sentía la ira hervir en mi pecho. Mis nervios se pusieron tensos y mi frente se llenó de sudor.

Leyó la carta en silencio. «Tenemos que ir de nuevo a juicio». Tenía que comparecer ante el tribunal para apelar su caso. Me regañé por permitir que penetrara el brillo de un poco de esperanza. Nunca llegaban buenas noticias. Y cada comparecencia en el tribunal significaba una pesada factura del abogado.

Recuerda de dónde vinimos

Me estremecí al pensar en todos los sacrificios que mis padres hicieron durante años para traernos a mi hermano y a mí a los Estados Unidos en busca de oportunidades para nosotros y nuestros hijos. Y ahora, en vez de prosperidad, estábamos enfrentando devastación financiera.

Se lo confesé a mi mamá. Y en su manera boliviana de pensar, me recordó: «¿Te acuerdas cuando vivíamos en La Paz y tu padre y yo trabajamos tan duro para conseguir el dinero y los documentos para venir aquí?».

Yes, recordaba... el sacrificio, el esfuerzo por cumplir con los requisitos de inmigración de los Estados Unidos, y las magras comidas que ingeríamos debido a que teníamos muy poco dinero. Y una vez que llegamos a Estados Unidos, nos enfrentamos a ajustes, tiempos duros y burlas. Sin embargo, progresamos poco a poco hasta que logramos el éxito.

Qué absurdo y extraño. Gene y yo estábamos en el país del estrés financiero y deseábamos entrar en el país de la prosperidad. En cambio, la frontera estaba cerrada, y estábamos atrapados en un callejón sin salida de imposibilidades, injusticias y opresión. Hubiéramos hecho cualquier cosa por cruzar la frontera y librarnos de la deuda que se cernía sobre nosotros como un dictador despiadado.

«Tu papá y yo pudimos haber confiado en nuestra manera de hacer las cosas», dijo mi mamá. «Pudiéramos haber cruzado la frontera sin papeles con la esperanza de tener una vida feliz. No obstante, si confías en tu manera de actuar y no en Dios, nunca conocerás la prosperidad y la paz».

Mi mamá tenía razón. Mientras estaban en Bolivia, no pusieron su confianza en las oportunidades disponibles en los Estados Unidos para proveer la prosperidad. En su lugar, confiaron en que los caminos de Dios los conducirían por el buen camino. Y si Dios nos hubiera dejado en Bolivia, Dios también hubiera suplido allí para nuestras necesidades.

Así que, ¿cuál era nuestro problema? Habíamos cometido ese enorme error. Y entonces, cuando nos encontramos en la tierra de la deuda, confiamos en que nuestro abogado nos sacara del lío. Confiamos en nuestra creatividad financiera para procurar préstamos. Confiamos en la misericordia del agente del Servicio de Recaudación de Impuestos para que nos diera alguna oportunidad.

Sabía lo que dicen las Escrituras: «Confía en el Señor de todo corazón, y no en tu propia inteligencia» (Proverbios 3:5). Sin embargo, obstinada con mis quejas, quería gritar: «Dios, ¿sabes lo difícil que es confiar cuando cada paso que damos nos hunde más en la arena movediza de la ruina financiera?».

Dios parecía callado y distante. Y aun cuando las oraciones de nuestros amigos y familiares se unían a las nuestras, parecían inútiles y sin esperanza.

¿Obedecer? ¡Ahora no!

Hasta algunas de las *girls* de la Biblia se enfrentaron a momentos financieros duros. Rut conoció ese tipo de estrés. ¿Recuerdas cuando le rogó a Noemí que la dejara acompañarla a la tierra de Judá?

Rut no tenía la menor idea de lo que le esperaba allí, pero sabía que quería estar con Noemí. *Lady*, yo puedo entender eso. ¿Y tú? Rut entró a una tierra extraña en la que era una forastera. En esas condiciones desconocidas, no encontró amigas. Más bien se encontró con personas que la señalaban como diferente. A pesar de eso, Rut tenía un secreto: su compromiso a obedecer.

Obedecer... bueno. Esa palabra nos deja con un sabor malo en la boca porque vivimos en un tiempo en el que dominan la firmeza y la confianza en uno mismo. Y quizá en el siglo veintiuno, ninguna mujer con un atisbo de orgullo haría lo que Noemí le pidió a Rut que hiciera:

> Un día su suegra Noemí le dijo:
> —Hija mía, ¿no debiera yo buscarte un hogar seguro donde no te falte nada? Además, ¿acaso Booz, con cuyas criadas has estado, no es nuestro pariente? Pues bien, él va esta noche a la era para aventar la cebada. Báñate y perfúmate, y ponte tu mejor ropa. Baja luego a la era, pero no dejes que él se dé cuenta de que estás allí hasta que haya terminado de comer y beber. Cuando se vaya a dormir, te fijas dónde se acuesta. Luego vas, le destapas los pies, y te acuestas allí. Verás que él mismo te dice lo que tienes que hacer. (Rut 3:1-4)

Hacia lugares más altos

My friends, ¿están de acuerdo en que eso era algo difícil de hacer? Si mi suegra me diera esas instrucciones, sea cual fuera la tradición, tendría que cuestionar la solicitud, o por lo menos negociar un poco. ¿Vestirme, ponerme algún perfume floral y colarme en el saco de dormir de un hombre que de seguro hiede por estar sudando todo el día? *No, thank you!*

Rut, en cambio, tenía una actitud más noble. Y es algo bueno lo que hizo, debido a que el resultado fue grato:

—Haré todo lo que me has dicho —respondió Rut. Y bajó a la era e hizo todo lo que su suegra le había mandado.

Booz comió y bebió, y se puso alegre. Luego se fue a dormir detrás del montón de grano. Más tarde Rut se acercó sigilosamente, le destapó los pies y se acostó allí.

A medianoche Booz se despertó sobresaltado y, al darse vuelta, descubrió que había una mujer acostada a sus pies.

—¿Quién eres? —le preguntó.

—Soy Rut, su sierva. Extienda sobre mí el borde de su manto, ya que usted es un pariente que me puede redimir.

—Que el Señor te bendiga, hija mía. Esta nueva muestra de lealtad de tu parte supera la anterior, ya que no has ido en busca de hombres jóvenes, sean ricos o pobres. Y ahora, hija mía, no tengas miedo. Haré por ti todo lo que me pidas. Todo mi pueblo sabe que eres una mujer ejemplar. (Rut 3:5-11)

¡Imagínate eso! Booz se halló una linda y olorosa muchacha en su cama. Aun así, fue honorable, honesto, atento y muy sincero. Por el resto de la historia, sabemos que Rut se convirtió en su esposa

Pero aquí está la cosa. Rut pudo haberse aferrado a su orgullo y elegido desobedecer a las curiosas instrucciones de Noemí. No obstante, si hubiera desobedecido, es probable que se hubiera quedado recogiendo las migajas del campo y comiendo una dieta de granos secos.

La obediencia de Rut la llevó a lugares más altos. Como la amada esposa de Booz, pudo entonces gozar la tierra grande y abundante, las riquezas, las posesiones y la herencia que le proporcionó su esposo.

Pero espera. No fue Booz el que proporcionó todo esto. Fue Dios. Dios es el que siempre tuvo esto planeado para Rut y su futuro. ¡Y qué futuro! Ella llegó a ser nada más ni nada menos que una antepasada de Jesús, el Redentor del mundo.

Pagar u obedecer

¿Y qué tiene que ver esto con la fea situación financiera que enfrentábamos mi esposo y yo? En realidad, *my friend*, el ejemplo de Rut tiene la respuesta.

No podíamos cumplir con lo que el Servicio de Recaudación de Impuestos nos exigía que pagáramos. En cambio, sí podíamos cumplir con la invitación de Dios a obedecer. Como Rut, habíamos entrado a una tierra diferente a formar parte de un grupo diferente. Nos contábamos ahora entre la gente que había creado su propia ruina financiera por despilfarrar su dinero. Cruzan la luz verde con rapidez solo para encontrar sus finanzas en la luz roja. ¡Qué injusto era que formáramos parte de ese grupo! Sin embargo, cuando dejé de lloriquear, emergió la verdad. Lo importante no es cómo llegas a tener líos financieros. Lo único importante es seguir el ejemplo de Rut y obedecer.

Una noche, los muchachos estaban durmiendo, y de nuevo estábamos sentados a la mesa de la cocina. Aunque quería un descanso del recordatorio de tristeza que estorbaba nuestra paz, necesitábamos averiguar cuál sería el siguiente paso que debíamos dar.

¿He mencionado que el Servicio de Recaudación de Impuestos no considera que el diezmo sea una «necesidad vital»? La cantidad del diezmo no podía venir de los fondos asignados para los servicios públicos, el seguro y las demás cuentas. A menudo, los fondos estaban tan escasos que no podíamos pagar el creciente costo de los servicios públicos. A riesgo de parecer un poco arrogante, te diré que decidimos robar fondos del presupuesto de alimentos para poder diezmar. A partir del día que nos casamos, el diezmo se había convertido en un hábito normal, esperado y no negociable para nosotros. Digo hábito, porque hasta ese momento, no teníamos ni idea de las consecuencias de obedecer este mandato directo de Dios.

Me sonrojo al reconocer esto, pero con frecuencia no entregamos nuestro diezmo con rostros alegres. Así que en ese aspecto, en la que las Escrituras dicen que Dios ama al «dador alegre» (2 Corintios 9:7), ¡necesitábamos una porción mayor de gracia! De modo que un ingrediente que hace la obediencia más completa es «llevarlos» a la casa de Dios, no enviarlos, ni mandarlos por correo, ni dejarlo para cuando ande cerca de la iglesia. «Traigan íntegro el diezmo para los fondos del templo, y así habrá alimento en mi casa. Pruébenme en esto —dice el Señor Todopoderoso» (Malaquías 3:10).

¿Que pongamos a prueba al Señor Todopoderoso? No me puedo imaginar quién se atrevería a hacerlo. Aun así, *girls*, el Señor sabe lo tercos que podemos ser. Y Dios es consciente de nuestra insistencia en asirnos de todo lo que creamos lógico, aceptable y sensato. ¿Me criticarías si ves que viro la cara cuando pasan el plato de la ofrenda? Me sentí tentada a que se me «olvidara» y a sacar el sobre de la cartera y romper el cheque al llegar a la casa. Sin embargo, *wow*, Dios lo hubiera visto también.

Aunque sabemos lo que es bueno, la tentación es a veces tan sugestiva como unas tostadas con queso recién sacadas del horno.

Contábamos también con la influencia de otros. Casi creímos que la bancarrota podía ser el próximo paso. Muchos nos aconsejaron que lo diéramos. En cambio, el punto de vista divino es claro y directo: «Pruébenme en esto». Al parecer, eso era lo que nos estaba diciendo el Espíritu. Domingo tras domingo íbamos a la iglesia con el corazón cargado, unos hijos a veces molestos y nuestro sobre de diezmos para la iglesia.

Proverbios dice: «Honra al Señor con tus riquezas y con los primeros frutos de tus cosechas. Así tus graneros se llenarán a reventar y tus bodegas rebosarán de vino nuevo» (Proverbios 3:9-10). Los graneros de ese entonces eran lo que los bancos son ahora. Así que levanté la mirada. «Señor, no necesitamos que nuestra cuenta bancaria esté repleta, pero déjanos ver que haya algún saldo positivo algún día. Danos un pequeñito grano de esperanza, una señal de que estás ahí arriba escuchándonos». Yo tenía ese tipo de conversación con Dios a menudo. A veces era una conversación bien intensa. De vez en cuando le recordaba al Señor: «Tú permitiste que me quedara ciega, pero me concediste la forma de trabajar. ¿Podrías mostrarme otro milagro?».

Entonces, regateaba con Dios. «Si nos resuelves esto, te prometo trabajar solo para ti».

Por Dios, la desesperación puede hacer que uno diga y haga locuras. ¿Y quién podría culparme? Aun así, el reloj seguía andando y la deuda aumentaba, de modo que era razonable que le pidiera a Dios que se apurara e interviniera en el caso y arreglara el embrollo.

Justo a tiempo

Apoyándonos en la realidad que podemos ver captamos un panorama diferente. Qué maravilloso es que Dios nos observa para ver cómo perdura nuestra fe, cómo nuestra confianza en las Escrituras modela nuestro pensamiento y cómo nuestra fidelidad a los mandamientos de Dios va dirigiendo nuestros pasos.

Ya habían pasado meses cuando Gene volvió a casa un día y dijo:

—El abogado llamó. El Servicio de Recaudación de Impuestos está dispuesto para entrar en un arreglo.

—¿De cuánto? —pregunté respirando hondo.

—Tenemos que ir a hablar con él.

Una secretaria nos condujo a la oficina del abogado. Como siempre, Gene me fue describiendo lo que veía, como lo hacía cada vez que visitábamos un lugar diferente. La enorme *suite* estaba enclavada en el edificio más lujoso de la ciudad, con una pared toda de cristal que ofrecía una vista espectacular de la ciudad.

El escritorio de caoba de nuestro abogado era más grande que la mesa redonda del rey Arturo. Y pensé que quizá pagábamos por los elegantes libreros de caoba al estilo antiguo y la colección de libros de derecho que adornaban la elegante oficina.

Sin embargo, nada de eso importaba ya. Lo único que necesitábamos era saber el monto que nos permitirían pagar en el arreglo.

Contuve la respiración, y cuando el saldo final brotó de sus labios, me hundí en la silla. Tendríamos que conseguir otro préstamo para pagarlo. Aun así, un destello de consolación brilló en mi mente, pues imaginé ver a Goliat agarrar sus cosas y apartarse. *Thank you*, Señor.

Como tendríamos que pagar menos, elaboramos otro plan: que Gene se buscara otro trabajo y diezmar. Tratar de conseguir más préstamos y diezmar. Buscar nuevas formas de reducir nuestros gastos y seguir diezmando.

Estando en la iglesia, el mensaje de Dios era claro: el Señor nos había dado una solución, una solución que no podíamos ver. Dios había trazado los pasos antes de que diéramos el primero. Dios tenía pautados los acontecimientos aun desde que nos angustiamos por lo que había resultado. El Señor iba a abrirnos el Mar si se presentaban más problemas.

Durante unos cuantos meses, las entrevistas de trabajo para Gene iban y venían. Entonces, un día, trajo buenas noticias: «Me llamaron para una segunda entrevista». Esa vez, la oferta fue sólida, y Gene comenzó en un nuevo trabajo. La compensación era adecuada, pero primero teníamos que liquidar las deudas con nuestros familiares. Mientras tanto, los intereses en las tarjetas de crédito y en los préstamos bancarios seguían aumentando.

Una noche después de orar, Gene y yo decidimos dar un paso atrevido: pedir un adelanto en el trabajo. Para alegría nuestra, lo concedieron, y pudimos pagar deudas. Aunque todavía debíamos bastante, nos alegramos y alabamos a Dios por aquella provisión. Nos quedaban años y años de deudas. Y hasta el día de hoy, esta *lady* no sabe por qué ni cómo, pero aceptamos nuestras circunstancias con sincera gratitud.

Booz visita Disney

Un día, cuando Gene regresó del trabajo, yo estaba revolviendo el arroz en la cocina. Puso su portafolio en la encimera de la cocina. «¿Qué te parecería que nos mudemos a la Florida?» ¿La Florida? ¿El estado que no tiene inviernos? La idea de abandonar el gélido clima de San Luis provocó en mí una amplia sonrisa y un rápido *«yes»*.

Aunque le gustaba su trabajo, la compañía tenía también problemas económicos. Los rumores de que iban a cerrarla aumentaban cada semana. Por si acaso, Gene había solicitado trabajo en varias compañías, entre ellas Disney World.

La posibilidad de otro trabajo más seguro y mejor pagado fue un rayo de sol en nuestros días.

—¿Qué te dijeron? —le pregunté cuando lo llamaron desde la Florida tras la primera entrevista.

—No me van a dar la posición administrativa —me respondió.

Los hombros se me cayeron de desilusión. Traté de parecer optimista, pero mi tristeza era evidente.

—Anímate —me dijo—. El vicepresidente que me entrevistó me dijo que mis calificaciones me hacían más apto para una posición superior de director.

Me sentí como Rut cuando Booz le pidió que fuera su esposa. Su disposición a seguir a Noemí y al Dios de Noemí la situaron en una posición más allá de sus sueños. Su humildad y su consagración la sacaron de la pobreza. Su diligencia le preparó el camino hacia un nuevo comienzo gozoso y próspero. Nosotros estábamos viviendo una transformación como la de Rut. Un nuevo comienzo nos esperaba... y que Dios nos tenía preparado desde el principio.

Confieso que mi necia imaginación latina a veces se vuelve un tanto extravagante. Pensando en la historia de Rut, me imaginé las posibilidades. ¿Qué tal si Dios tenía una fórmula mágica para que unos acaudalados Rut y Booz se conocieran? Digamos que en una cena elegante en un comedor opulento. No obstante, si Dios hubiera orquestado su unión de esa manera, nunca hubiéramos tenido el ejemplo de cómo el poder de Dios lo lleva a uno de no tener nada a la belleza de Prada.

Todos tenemos momentos en los que Dios nos manda a cruzar ese puente. Algunos están en el lado de *nothing*, y se lamentan y maldicen su situación. Otros cruzan el puente con mucha confianza para irse al otro lado. Y otros van más allá del puente llamado «obediencia».

Dios usa las amenazas de las ejecuciones hipotecarias, del desempleo, de las deudas de tarjetas de crédito, de los préstamos sin pagar, de deudas de impuestos y todas esas cargas para que la llamada del Espíritu se vuelva clara y audible: ¿Confiarás en mí y me obedecerás? Lo que pensamos que es un imposible, Dios lo hace posible. Y como ciega que soy, sé lo duro que es seguir confiando cuando uno no ve los resultados. En cambio, mientras estemos en el puente, Dios no trata de probarnos nada, sino de aumentar nuestra fe.

El puente de la obediencia ha demostrado ser firme, confiable y seguro. Pusimos la casa en venta y contratamos un servicio de mudanzas para que nos empaquetaran los muebles. Llenamos las valijas, agarramos a nuestros hijos y partimos para la Florida a broncearnos bajo el sol de las provisiones de Dios. El cargo que le dieron a mi esposo incluía un plan de incentivos que nos dejó boquiabiertos. Los beneficios y las acciones en la compañía excedían lo que habíamos imaginado. En un año ya habíamos pagado todos los préstamos y las tarjetas de crédito. Nuestros ahorros se fueron acumulando más rápido que en toda nuestra vida matrimonial.

¿Recuerdas que dije que esta lección era para mí? Dios sabía de este episodio en nuestra vida mucho antes de que ocurriera.

Sin embargo, con la historia de Rut, el Señor me mostró el significado de la humildad y la fidelidad a su Palabra. Rut debe haber mirado atrás a los días en que no tenía nada, pero luego su granero rebosaba. Y en muchos sentidos el nuestro también. Habíamos depositado trocitos de obediencia en la cuenta bancaria de la Palabra de Dios. Mientras nos estábamos sumiendo en el temor, la gracia de Dios estaba actuando ya. Cuando no teníamos respuestas, el Espíritu Santo ya estaba preparando la solución. Cuando estamos llenos de dudas, la misericordia de Dios pasa por alto nuestra debilidad. Cuando decidimos diezmar a pesar de cualquier cosa, Dios acumula bendiciones. Y lo que es mejor: cuando no vemos sino deudas y balances negativos, el Señor ya está preparando la perfecta provisión.

Quizá esté presumiendo un poco, pero creo que mi historia puede ser similar a la tuya. Todos vivimos en un mundo caído, y muchos de nosotros vemos que las deudas se amontonan como tanque de basura después de un *party*. Como se espera, la maloliente situación trae preocupación, temor y noches de insomnio. Dios lo sabía. Y quizá por eso llegara a decir: «Pruébenme en esto».

Si te sientes histérica por las deudas, adelante, pon a prueba la Palabra de Dios entregándole tus primeros frutos. Dios pasará la prueba, está garantizado. Y lo que es mejor, *my friends*, el miedo pasará de largo y los dulces sueños visitarán tus noches.

5

¿Por qué yo?

El temor es la tetera en la que Satanás
hierve sus mentiras.

Mi *grandmother* entró a mi cuarto. «Aquí tienes, *little one*, tómate esto. Te sentirás mejor». Puso una taza de té caliente en mis manos de doce años.

Sin algún sistema de calefacción para calentarnos durante frías noches de invierno en La Paz, mi abuela ya me había amontonado varias colchas de lana encima de mí para mantenerme caliente por fuera. Ahora, ¡quería calentarme por dentro!

Moviéndose con lentitud, mi *grandmother* se sentó en el borde de la cama. Me salí de debajo de las colchas, me senté y aspiré el suave aroma de las hierbas caseras. Había hervido hojas de una de las docenas de plantas que crecían en su jardín. Menta, manzanilla, uña de gato... tenía de todo. Si alguien en la familia mencionaba el más mínimo malestar, esta pequeña mujer con su suéter de punto negro y una larga falda negra se levantaba e iba a la cocina a hervir agua. Entonces, preparaba el té perfecto para curar cualquier enfermedad desde una congestión nasal hasta dolores musculares. No estoy segura si era el té o la afectuosa sonrisa que arrugaba sus mejillas bronceadas lo que aliviaban mi estómago.

Como yo, tal vez tú crecieras con remedios caseros sencillos, naturales y económicos. Así era el estilo de vida en nuestro país. Y a través de los años, Dios me permitió bailar la dulce salsa de la salud. Aparte de mi ceguera, el resto de mi cuerpo funcionaba bastante bien... hasta el día en que me fui para mi mamografía de rutina. No era gran cosa. Me hacía una todos los años. Y año tras año no me encontraban nada.

Sin embargo, esta vez me llamaron de la consulta de la doctora para una segunda prueba. Sus palabras me dejaron sin aliento: «Encontramos algo». Es probable que se hayan equivocado. Seguro que eso es lo que pasó. Siempre me había cuidado bien. Hacía ejercicio y vigilaba mi peso. Es más, mis amigos a menudo se burlaban de mí por mis excesivamente prudentes hábitos alimenticios. Por Dios, incluso optaba por alimentos orgánicos. ¿Cómo habrán encontrado algo malo?

Como suele pasar, tendría que esperar dos semanas para el próximo examen. Eso significaba dos semanas de tormento, incertidumbre y preocupación. Y muy pronto, como el agua en la tetera de mi *grandmother*, el temor hervía a fuego lento dentro de mí.

Batallas con armas espirituales

El día después que llamaron de la consulta de la doctora, recibí una nota no muy halagadora de uno de mis lectores. Este hombre escribió diciendo que mi boletín informativo «tendía un poco a lo religioso». Yo había escrito una historia sobre las mentiras de Satanás, su astucia y su deseo de devorar al que no estuviera preparado. El lector dijo que no creía en ningún diablo.

Por un momento, yo quería seguir esa idea. ¿Ningún diablo? ¿No significaría eso que no hay maldad, no hay oscuridad? Si así fuera, el mundo sería celestial. Todo sería justo, equilibrado, perfecto, inocente y adecuado.

No, *señorita*, las cosas no son así. Con mi diagnóstico incierto, sabía que la vida está lejos de ser perfecta. Y durante las dos semanas que me pasé esperando por los resultados de la prueba, el recordatorio de la presencia de Satanás emanaba un olor penetrante en especial. La mayor parte del tiempo estaba calmada y serena por fuera. Por dentro, en cambio, retumbaba la palabra *cáncer*... y yo era un desastre espiritual.

Con un poco de vergüenza te confieso que el astuto ataque del enemigo me tomó desprevenida. Para cuando terminó de darme su paliza emocional y espiritual, estaba postrada en el suelo. Tenía el pelo alborotado, mis ojos estaban amoratados y estaba cubierta de arañazos. Había hecho todo lo posible por derribarme.

Dolorida por los ataques de Satanás, tuve que estar en desacuerdo con mi lector. Y al hacerlo, afirmé lo que Dios nos dijo: el diablo está muy vivo hoy y listo para devorarte a ti y a mí si no nos cuidamos. Aprendí esto por experiencia durante esas dos semanas. Y debido a que quiero que marches en el lado de la victoria (como lo hice yo al final), voy a describir en detalles las armas que usó conmigo. Y queridas *girls,* son las mismas que tal vez use contigo también. Aquí están:

Tira su lanza de la duda.

Se apareció la preocupación. Entonces, trataba de recordar. Tranquila. Tengo que estar loca para preocuparme. ¿No acabo de escribir un devocional acerca de echar nuestras cargas en el Señor? Había invitado a mis lectores a entregar la preocupación y la ansiedad. Sin embargo, a pesar de que otros hallaban mis perspectivas esclarecedoras, yo permitía que la vergonzosa duda entrara poco a poco en mí. ¿Por qué no podía librarme de ella? Si la Palabra de Dios es tan poderosa, ¿por qué no estoy parada firme en ella en vez de andar de puntillas por la tierra de la ansiedad? Con nerviosismo, tamborileaba con las uñas en la encimera de la cocina, preguntándome si alguna vez me dejaría la preocupación.

Infecta nuestros pensamientos.

Cuando mi mente se sentía libre aunque fuera por unos segundos, las posibilidades negativas irrumpían desde todas direcciones. Cualquier mención de planes futuros, como celebrar el próximo cumpleaños de mi nieto, me descontrolaba. ¿Qué si tenía un cáncer terminal y no me quedaba mucho por vivir? *Deja eso*, me decía. *Esos pensamientos te van a volver loca.* Era demasiado tarde. Ya me estaba volviendo un poco loca con preocupaciones por el futuro. Mi pensamiento iba desde: «Dios tiene el control y no permitirá que nada me pase», hasta: «Tengo que escribir cartas para despedirme de mis nietos y dejarles un legado».

Entonces, empeoré las cosas, al compararme con los demás. Miré a mi alrededor. Otras personas no se enfrentaban a mi terrible experiencia. Claro que tenían por qué sonreír. Podían esperar un futuro saludable. ¿Y yo? Estaba condenada a enfrentar el cáncer, aparte de la ceguera. Quería gritar: *My God!* ¿Por qué yo?

Se mueve con rapidez en nuestros momentos más débiles.

Me reprendía por la autocompasión que me invadía de vez en cuando. Tú sabes: ese síndrome de «pobre de mí» que nos quita la energía, electrocuta nuestra motivación y consume el gusto por la vida que conociéramos una vez. Me esforcé al máximo

Simplemente salsa

para librarme de esa sensación. A pesar de eso, mientras más me esforzaba, más me llegaban esas vívidas imágenes de mi futuro trágico. Estaba espiritualmente débil y vulnerable a la agresión del enemigo. Es probable que se relamiera de gusto por la certeza de que yo sería su próxima presa, ya que estaba sazonada con desaliento y marinada con negatividad. Y, *my friends*, aquí es cuando él se aparece con una audacia que tú y yo no podemos obviar. Esos momentos de debilidad le crean un territorio conocido y fácil de invadir, y entra en acción con una sutileza repugnante.

> Luego el Espíritu llevó a Jesús al desierto para que el diablo lo sometiera a tentación. Después de ayunar cuarenta días y cuarenta noches, tuvo hambre. El tentador se le acercó y le propuso:
> —Si eres el Hijo de Dios, ordena a estas piedras que se conviertan en pan.
> Jesús le respondió:
> —Escrito está: "No sólo de pan vive el hombre, sino de toda palabra que sale de la boca de Dios". (Mateo 4:1-4)

Si el diablo se atrevió a tentar a Jesús, no tendrá reparos en tentarnos a nosotras, las *girls*. ¿Alguna vez has ayunado antes de una prueba de sangre? Cuando terminan esas pruebas, se puede escuchar el sonido de mis tripas por todo el camino hasta el estacionamiento. Corro a devorar la primera cosa comestible que encuentre. Y eso es después de ayunar unas pocas horas. No puedo imaginarme cuarenta días y cuarenta noches sin comida. Jesús estaba desesperadamente hambriento, y es probable que débil y con temblores. Entonces, Satanás eligió iniciar su ataque.

Ya ves, *my friend*, así estamos cuando oímos esas noticias que nos estremecen. Estamos hambrientas de consuelo, estamos débiles con temor y comenzamos a temblar ante la posibilidad de un desenlace triste. Satanás elige esos momentos de debilidad para atacarnos con lo peor que tiene.

Usa nuestras emociones para su beneficio.

El diablo sabe que nuestra pasión latina no se limita a los tiempos buenos. Ese mismo gusto y celo explota en los tiempos malos. Nos preocupamos más allá de la comprensión. Y nuestra preocupación desesperada le cierra la puerta a la verdad de Dios y les abre la ventana a más de las mentiras de Satanás. Y esas mentiras impiden que seamos las *girls* amorosas, tranquilas y comprensivas que deseamos ser. Atacamos a los que amamos. Les gritamos a personas inocentes. Nos comportamos con rudeza con los que nos quieren ayudar. Y hasta culpamos a otras personas por nuestra triste condición. Nuestras emociones negativas toman el control de las *girls* felices que fuimos. Al final del día, estamos agotadas en lo emocional, pero los recuerdos de esas reacciones producen punzadas de culpabilidad y nos roban el sueño que tanto necesitamos.

Conduce una montaña rusa salvaje.

A esta altura, quizá estés pensando: «*My friend*, ¡qué exageración! Nadie pasa por todas esas etapas». Sin embargo, puedo asegurarte que yo pasé por ellas. Mi razonamiento era erróneo, pero real. Ya me había enfrentado y ajustado a la ceguera, pero pensar en el cáncer me multiplicó los temores. Debido a que soy la cristiana consagrada que trato ser, pasaba mucho tiempo leyendo la Palabra de Dios y, en esos momentos, la calma se filtraba a través de mí. Recordaba que el número de mis días están en las manos del Señor. Recordaba que Dios está observando cada paso de mi travesía. El Espíritu de Dios nunca me dejará. Dios puede sanar cualquier cosa. Aferrada con firmeza a estas verdades, sentía una confianza tranquilizadora.

Eso está bueno, ¿verdad? Creía que sí. En cambio, en el instante que recordaba que quizá me uniera a las filas de amigos que tuvieron que soportar el proceso duro del cáncer, todas esas ideas positivas se evaporaban como un charco en el verano.

Enfatiza la falsa seguridad.

La tensión me llenaba mientras esperaba el diagnóstico. Los médicos, expertos capacitados en su campo, pronunciarían las palabras que definirían mi futuro. Como es de esperarse, Satanás no descansaba de tratar de convencerme que los médicos eran los que me salvarían de la enfermedad. Quería que yo creyera que mi destino, salud y futuro estaban en manos de los médicos. Ellos eran los que leerían los resultados, los interpretarían y agitarían la varita mágica para sanarme. «Ellos tienen el poder», susurraba el Enemigo.

Friends, esto no es nada nuevo. La capacidad de Satanás para desviar nuestra confianza con sus trucos astutos está tan viva hoy como cuando se acercó a Jesús:

> Luego el diablo lo llevó a la ciudad santa e hizo que se pusiera de pie sobre la parte más alta del templo, y le dijo:
> —Si eres el Hijo de Dios, tírate abajo. Porque escrito está: "Ordenará que sus ángeles te sostengan en sus manos, para que no tropieces con piedra alguna".
> —También está escrito: "No pongas a prueba al Señor tu Dios" —le contestó Jesús. (Mateo 4:5-7)

Así que ahí lo tienes. Las mentiras que Satanás siembra en nuestro corazón, el temor que surge de sus planes y la preocupación que entreteje en nuestros pensamientos son reales.

My friend, tómate un sorbo de ese *coffee with milk* y ponte más cómoda porque vamos a ver cómo derrota Dios a Satanás a favor nuestro.

Una salida

La *grandmother* de Pablo debe haberle hervido tazas de té para
darle valor debido a que siempre hablaba la verdad impregnada
de la sabiduría de Dios: «Ustedes no han sufrido ninguna tentación que no sea común al género humano. Pero Dios es fiel, y
no permitirá que ustedes sean tentados más allá de lo que puedan aguantar. Más bien, cuando llegue la tentación, él les dará
también una salida a fin de que puedan resistir» (1 Corintios
10:13).

¿Qué te parece eso? Pablo dijo «cuando llegue la tentación»,
no «si llega la tentación». Nos enfrentaremos a la tentación de
aceptar las mentiras del diablo. Eso es inevitable. A pesar de
eso, también es cierta la provisión de Dios de una manera de
resistirlas. Dios siempre provee una salida.

Necesitamos el poder de Dios porque las mentiras con frecuencia se nos amontonan encima como pesadas mantas de
lana. Dios lo sabe. Por eso es que Jesús no llamó a Satanás «el
padre de la crueldad» ni «el padre de la malicia». Jesús lo llamó
«el padre de mentira». Ese nombre le viene bien porque Satanás
ha diseñado sus mentiras para adaptarse a cada situación nuestra.

Perdóname por mi naturaleza curiosa, ¿pero puedo pregun-
tarte cuál es la situación con la que luchas ahora? ¿Qué te ha dejado inquieta? Es posible que no sea un problema de salud. Más
bien, quizá sean las relaciones que se desmoronan, las finanzas
que te dejan desesperada o los conflictos personales que te agotan. Sea lo que sea, te estremece y te crea grietas en tu corazón
lo suficiente grandes para que se filtren las mentiras de Satanás.

Es en esos momentos que contraatacamos con sabiduría de
la Palabra de Dios que nos permite reconocer que la habilidad
de tentarnos es lo único que tiene el diablo. Más allá de eso, no
tiene nada, *nothing* en lo absoluto. Y la verdad, *girl*, es que tú y
yo tenemos todo lo que necesitamos a través del poder de Dios
que obra en nosotros.

Por lo tanto, ¿a qué esperas? Echa tus hombros hacia atrás y sonríe de nuevo. Es hora de disfrutar las buenas noticias. Tú y yo tenemos la única arma que necesitamos guardada en el compartimento de nuestro corazón: la Verdad de Dios, la verdad que nos eleva por encima de la oscuridad, borra nuestros pensamientos negativos y consume las mentiras del enemigo hasta que no queda nada.

Con un nuevo comienzo, una nueva canción de triunfo, puedes agarrarte de la mano de Dios y saborear la dulce verdad que las promesas de Jesús nos sacarán de debajo de toda esa basura que el enemigo ha amontonado sobre nosotras. Adelante, quítate el polvo de encima, arréglate el cabello y ponte los tacones altos del ánimo. Rocíate el perfume de la audacia y ponte el collar de oro de la fe en Dios. Estamos listas para la última parada que se llama «celebración».

Y mientras avanzamos, nuestros pasos son firmes porque contamos con armas de consuelo. No importa lo que digan los médicos; Dios tiene la última palabra. No importa lo que indiquen los resultados de las pruebas; la fidelidad de Dios prevalece. No importa qué pronóstico sombrío nos pueda llegar, el propósito de Dios para nuestras vidas nunca cambia. Y no importa cuán desesperada parezca una situación. El poder y la fuerza de Dios están operando entre bastidores para presentar la victoria en el momento perfecto de Dios.

¿Recuerdas la mujer que sangró por años (Marcos 5:25-34)? Ella sabía todo esto. Es probable que estuviera enferma y cansada de todos los diagnósticos de los médicos que confirmaban su enfermedad sin ofrecer la posibilidad de curación. Y, sin duda, el enemigo le susurraba: «No hay esperanza para ti. Dios sanó a los demás, pero se olvidó de ti. Te desangrarás hasta morir. Tu caso no tiene esperanza». Hasta que ella se limpió las lágrimas con el dorso de la mano, sacudió las mentiras de su corazón y por fe tocó el borde del manto de Jesús. Entonces, recibió la sanidad. La Biblia dice que sucedió al instante. Sin embargo, *girls,* la jornada hasta ese momento fue *very, very* larga, y es probable que fuera angustiosa y extenuante.

Y, ¿qué tal si ya estás en esa jornada hacia la sanidad también, una jornada que parece interminable? Confundida por el silencio de Dios, te sientes tentada a darte por vencida. La mujer que tocó el manto de Jesús tal vez la tentaran de igual modo. Aun así, piénsalo. Quizá los planes de Dios ya estén en acción. A lo mejor Dios esté puliendo tu carácter, fortaleciendo tu fe y acercándote a Él con gran compasión y atención.

¡Le dije que se callara la boca!

Yo he pasado por eso, *my friends*. Y aunque me fue un poco doloroso y humillante en realidad, Dios me fue cincelando el carácter durante esas dos semanas de espera. Entonces, el día llegó por fin cuando descubriría si tenía cáncer. Ahí estaba en la consulta del médico, vestida con esa ridícula bata delgada con la abertura en la parte delantera, sentada en la mesa cubierta de papel, con los pies colgando y esperando a que llegara el médico.

De repente, un pensamiento loco me atravesó por la mente. Recordé cómo le había pedido a Dios que me sanara los ojos físicos, pero en su lugar él hizo mucho más y me dio una visión perfecta espiritual. Con esa victoria fresca en mi memoria, inhalé una bocanada de tranquilidad. Y antes de que entrara el médico, protegida de las mentiras del enemigo, me volví extraordinariamente dinámica. Le dije al enemigo que se callara la boca.

Yes, reconozco que fui descortés. No suelo hablarle así a nadie. Sin embargo, la determinación es esencial cuando luchamos contra los ataques feroces del diablo. Até su boca con valentía, reprendí sus mentiras destructivas y silencié sus tentativas. ¿Y sabes cómo lo hice? Como Jesús, usé las Escrituras. Repetí: «Apártate de mí, Satanás, porque mayor es el que está en mí que tú aquí en el mundo. Deja de hablar mentiras acerca de mi futuro, porque el Señor sabe los planes que tiene para mí.

Planes de bienestar y no de calamidad. Planes para darme un futuro y una esperanza. No tienes poder para causarme miedo porque el Señor es la fortaleza de mi vida. ¿A quién temeré? Tu astucia no puede causarme temor ni timidez porque el Señor no me ha dado un espíritu de cobardía, sino de poder, de amor y de dominio propio».

Al recordar el triunfo de Dios, inhalé profundamente y me quedé muy tranquila mientras el médico me examinaba el área en cuestión. Y me repetía: «Si el cáncer se incluyera en los resultados, Dios ha tenido la victoria preparada para mí mucho antes de mi nacimiento».

«No, no tienes nada de qué preocuparte», dijo el médico. «Es más, no hay que hacer biopsia».

¡Qué alivio! Después de toda la preocupación y las luchas innecesarias y mi costosa victoria sobre el temor, alabé, me regocijé, celebré y le di mil gracias al Señor.

Sin embargo, *my friend*, es posible que tu situación sea diferente. Quizá *estés* enfrentando el cáncer, o te hayan diagnosticado otra enfermedad crónica, un trastorno debilitante o una enfermedad terminal. Quizá los médicos te hayan dado solo unos meses antes de que te acurruques en los brazos de Jesús. Si este es el caso, te contaré otra historia de cómo Dios tiene la palabra, el control, y garantiza la victoria aun cuando los médicos den un diagnóstico sin esperanza. Dejaré que mi amiga Diana te cuente su historia, una historia que comprueba que el poder de Dios está tan vivo y activo hoy como siempre.

La historia de Diana

Me senté frente a mi computadora, tratando de escoger las palabras adecuadas para el tipo de anuncio que nunca imaginé que tendría que hacer, ni siquiera en mis peores pesadillas:

«Amigos, tengo noticias tristes. Me acaban de diagnosticar con un cáncer de mama incurable en el cuarto estadio. Los médicos me dan cuatro meses. Me negué a cualquier tratamiento, ya que los médicos me dieron probabilidades muy bajas de que ayude en mi condición. Estoy bien, aceptando lo inevitable. Aun así, en vez de decir adiós, quiero darles gracias a todos ustedes por ser parte de mi vida. Mis días se han enriquecido gracias a ustedes. Esta es una etapa difícil de soportar, y una por la que nunca pensé atravesar. Sin embargo, a veces la vida es injusta. Los amo y siento mucha gratitud por ustedes... Diana».

Unas pocas semanas antes de escribir ese correo electrónico, una araña me había mordido en el seno mientras trabajaba en mi jardín. Preocupada por la reacción, visité al médico. Después de un examen minucioso, dijo: «La mordida de la araña es seria. A pesar de eso, los antibióticos se harán cargo de ella». Hizo una pausa y su expresión se puso sombría. «Aun así, la mordida no es lo que nos preocupa, sino el círculo rojo que se formó en su seno».

El médico ordenó una biopsia, y cuando llegaron los resultados, me dio las noticias.

—No es nada bueno, Sra. Parker.

Me incliné hacia adelante, mis manos estaban frías y húmedas.

—¿Qué me quiere decir con eso? Todas mis mamografías y ultrasonidos han resultado negativos. No tengo masas, nada de nada.

»¿No me está diciendo que tengo...? —me atraganté cuando se lo pregunté. No podía pronunciar siquiera la palabra.

—Temo que sí, Diana, la biopsia, como sabes, fue muy complicada debido a la dificultad de encontrar la raíz. E indica con certeza que tienes cáncer.

Tú tienes cáncer.

Esas tres palabras explotaron en mi pecho, una oleada de miedo paralizó mi cuerpo y mi boca se quedó seca. ¿Cómo se lo diría a mi hijo, Tom? Sin mí, se quedaría solo por completo.

—¿Qué tipo de cáncer? —pregunté. Esperaba que mis pensamientos estuvieran corriendo como locos por ninguna razón. Quizá el cáncer era totalmente curable.

—Tengo que decirte que este tipo de cáncer no solo es muy raro, sino agresivo, y hasta ahora resistente a la quimioterapia y la radiación. Podemos intentar algún tratamiento, pero no prometo nada. Tienes que entenderlo.

Parecía estar sugiriendo que el cáncer era incurable. No era posible. Estamos en el siglo veintiuno. Seguro que otro especialista, algún nuevo tratamiento o medicamento experimental podría conquistar esta enfermedad.

Mi corazón latía con rapidez y me agarré a los brazos de mi silla.

—¿Cuáles son las probabilidades?

—Te quedan cuatro meses.

¿Me quedan? ¿Qué significa eso? En cuatro meses, estaría... no podía aceptarlo. Conduje hasta mi casa aturdida, demasiado insensible para llorar. En cambio, cuando llegué a mi casa y se lo dije a mi hijo, mis lágrimas fluyeron con sollozos que no podía contener.

Su reacción fue similar a la mía... incredulidad y tristeza. No tenía otra familia que yo. Así que aprovechaba cualquier oportunidad para tomar fotos mías con su cámara. Captó cada momento: a mí en la casa, a mí rodeada de flores en EPCOT, a mí parada frente a varias atracciones de Disney. Las reunió como si recogiera gemas para un futuro cofre de tesoros.

Disfrutaba de su insistencia en captar nuestros momentos juntos. Esto era mejor que someterme a tratamientos de quimioterapia sin sentido y radiación dura sin ninguna esperanza real de una cura.

En los dos meses siguientes, pasé muchas noches sin dormir tratando de acomodarme en la categoría de víctima del cáncer. Detestaba ese término y aborrecía que se estuviera aplicando a mí. Necesitaba fuerzas para enfrentarme a esa crisis, que a veces me parecía que era una pesadilla que le estaba pasando a otra persona. Puse en marcha una campaña de oración. Pedí oraciones de contactos alrededor del mundo: amigos, conocidos, compañeros de trabajo, vecinos, miembros de la iglesia, contactos de correo electrónico, ministerios de oración, pastores. Todos añadieron sus súplicas a las mías delante del Señor, todos clamando por sanidad divina.

Durante el día, la fortaleza venía a borbollones. Llamé a un abogado para hacer los arreglos, una tarea desagradable, pero dolorosamente real.

«¿Y qué pasará con la casa que estoy construyendo?», pregunté.

«No se preocupe. Vamos a recuperar su depósito y colocarlo en el fideicomiso. Solo venda todo lo que tiene».

La casa de mis sueños la puse en espera, la cancelé en realidad, junto con todos mis planes para la vida. Todos se derritieron en el calor abrasador de esas tres palabras: tú tienes cáncer.

Mis amigos y familiares me mandaban correos electrónicos y me llamaban con frecuencia. «Piénsalo, Diana. Puedes hacer todas las cosas que siempre quisiste hacer en estos cuatro meses».

La sugerencia tenía sentido, pero la realidad era que ya había hecho la mayor parte de lo que quería hacer. Tom había crecido; yo había viajado, trabajado y vivido una vida plena. Me resigné a mi suerte, y con una extraña sensación de paz, acepté lo inevitable.

Una mañana, recibí una llamada inesperada de mi médico.

—Diana, tenemos una noticia alentadora.

El entusiasmo en su voz me produjo una calurosa oleada de esperanza.

—¿Sí, qué es?

—Los resultados de la tomografía muestran que el cáncer no se ha propagado como esperábamos. Encontramos un tratamiento que estamos seguros traerá mejores posibilidades de destruir este tipo de cáncer.

Contuve la respiración.

—¿Cuáles son las posibilidades?

—Ochenta a veinte en tu favor —contestó.

De repente, la mano de Dios se hacía visible. Y la resignación se convirtió en la renovada esperanza de un nuevo comienzo.

—Estoy lista —le dije.

—Bueno, no será fácil —dijo con voz sombría—. El tratamiento es el más fuerte y poderoso que tenemos. Los efectos secundarios pueden ser difíciles en extremo.

¿Difíciles? ¿Creía por un minuto que me asustaría algo «difícil» cuando Dios me estaba dando la oportunidad de vivir?

—Mira, Dios me está dando una oportunidad, e insisto en recibir el tratamiento más agresivo disponible —dije e hice una pausa—. ¿Qué tengo que perder?

Programaron la operación para la semana siguiente. Comencé a prepararme para los «ocho meses de infierno» que el médico dijo que vendrían. El medicamento fuerte, mortal en extremo si caía en cualquier otro tejido que no fuera la zona en cuestión, se debía administrar a través de un puerto implantado. Colocado de manera estratégica, bombearía el fuerte medicamento directo a mi corazón.

En los días previos al procedimiento, cuando reflexionaba sobre la terrible experiencia que me esperaba, comencé a dudar de mi decisión. ¿Por qué pasar por esto? ¿Qué tal si no da resultado y solo nos causa más angustia a mí y a mi hijo? De todos modos, voy a morir algún día. Sollocé, dolida por la tentación de darme por vencida. Entonces, percibí que había entrado en una batalla. Dios estaba de un lado instándome a continuar. Por el otro lado, mis dudas me recordaban la posibilidad que esto no iba a resultar. No obstante, gracias a las oraciones de mis amigos, sus amigos y de las personas desconocidas, me aferré a la certeza de que Dios me vería triunfar.

«Adelante», les dije a los constructores. «Comiencen a construir la casa. Voy a estar ocupada y quizá no pueda supervisar, pero mis vecinos se ocuparán de cualquier cosa durante el proceso».

Los constructores comenzaron a martillar, y mis médicos iniciaron el proceso del tratamiento.

Dios proveyó los medicamentos y las inyecciones para disminuir los efectos secundarios. Las veintiocho rondas de radiación y las seis de quimioterapia no fueron tan devastadoras como me advirtió el médico. Mi hijo Tom estuvo a mi lado durante cada inyección, cada administración de medicamentos, cada reacción y cada nuevo informe de los médicos. Ambos alabamos al Señor por los resultados positivos que Él traería y esperábamos victoria en todas las etapas.

La mastectomía radical que soporté describía el cambio en mi vida: decisivo y drástico.

«Le extirpamos dieciséis ganglios linfáticos», le informó el cirujano a mi hijo después de la intervención. «Los dieciséis tenían cáncer. Sin embargo, aunque creemos que lo sacamos todo, debe recibir más quimioterapia».

Seguirían meses de tratamientos. Aun así, cuando se terminó la última sesión, las pruebas revelaron que no quedaban células de cáncer.

«¿Qué significa esto a largo plazo?», preguntó Tom.

«Técnicamente, su mamá está libre de cáncer».

Alabanzas a Dios fluían a través de mi corazón. Mi esperanza crecía con cada nuevo día. Más pruebas y exámenes mostraron que todos los niveles de la sangre habían vuelto a lo normal. Mis fuerzas aumentaron, mi cabello volvió a crecer y podía dormir de noche. El color y el tono de mi piel regresaron a lo normal.

Después de desempacar la última caja en mi casa nueva, colgué un cuadro en mi dormitorio. Muestra un camino estrecho que conduce a un bosque denso. Entre las hojas de los árboles verdes se pueden ver brillantes rayos de sol. La escena refleja mi vida. «Tú tienes cáncer». Esas palabras amenazaban derrotarme. Dios, en cambio, había planeado cada etapa y había preparado el resultado. Y aun cuando yo no podía ver a través del bosque de conmoción, el Hijo de Dios brillaba la luz de la esperanza en mí.

¡Presta atención!

Ahora, ya escuchaste la historia de Diana en sus propias palabras. Hasta la fecha de este escrito, ha vivido cinco años de buena salud libre de cáncer, y está buscando la mano de Dios para que le dé cincuenta más.

Jesús conoce los altibajos de nuestras emociones cuando entramos en el terreno desconocido de la enfermedad. Así que enfatiza: «En este mundo afrontarán aflicciones, pero ¡anímense! Yo he vencido al mundo» (Juan 16:33b).

Jesús dijo: «Anímense». *Friends*, lo que está diciendo en realidad es: presta atención, óyeme bien, escucha, *listen!* ¿Cómo podemos dudar de que Él tenga el poder para vencer y derrotar el cáncer, la ceguera, la enfermedad mental, la depresión, el dolor crónico o cualquier otra enfermedad humana? Él nos recuerda: «Yo les he dicho estas cosas para que en mí hallen paz» (Juan 16:33a).

Con los esfuerzos de Satanás derrotados, puedes enfrentarte al mañana con confianza porque «El Señor te protegerá; de todo mal protegerá tu vida. El Señor te cuidará en el hogar y en el camino, desde ahora y para siempre» (Salmo 121:7-8).

El hombre y el Yes

El temor a la soledad nubla la sabiduría.

«No lo hagas», recuerdo que le dije a mi amiga Sandy. Sin embargo, podía ver en su mirada que el hombre encantador con el que había estado saliendo por solo un corto tiempo le había robado el corazón.

«Nos amamos», dijo ella con un suspiro de ensueño. «Además, ¿qué tiene de malo vivir juntos? Estamos comprometidos».

Aunque yo misma no era una *girl* tímida, en particular durante esos años en la universidad, sabía que compartir una cama con un hombre antes de decir que «Sí», no era bueno a los ojos de Dios. Entonces, ¿quién era yo para juzgar? Había pocas que pensaban como yo y me despreciaban por mi manera anticuada de pensar. Mis amigas universitarias decían que yo era irracional en esperar que un certificado de matrimonio hiciera diferentes las cosas. Yo era muy joven y carecía de influencia para convencer a Sandy de que estaba cometiendo un error. Traté de ayudarla a ver sus otras opciones, pero se enojó conmigo.

Así que empacó sus cosas y se fue a vivir con él. Meses después, él le dijo que no estaba seguro de si se quería casar, pues no quería sentirse atado todavía. Mi dulce e inocente amiga hizo lo que cualquier muchacha enamorada hubiera hecho. Lloró a lágrima viva porque se había entregado por completo a él. Entonces, lo culpó de cruel traición y lo amenazó con echarlo del apartamento. Sus sueños se habían aplastado como un flan sin huevos. Sollozaba en camino al trabajo todos los días, me llamaba para quejarse de él y me repetía cuánto lo amaba. Además, después del turno de noche de su trabajo a tiempo parcial, husmeaba por ahí tratando de descubrir si le estaba siendo infiel.

¿Qué sucedió? El hombre que esperaba que le dijera: «Prometo amarte para siempre», en su lugar dijo: «Creía que te amaba... pero...».

Estaré contigo hasta el final

Esos días de la universidad parecen que fueron hace toda una vida. Con el tiempo, todas maduramos. Sin embargo, aunque ahora nos las damos de *girls* sofisticadas, todavía bailamos el romance, solo para descubrir que la música no siempre es agradable, ni que las parejas de baile son siempre encantadoras.

—Nos vamos a casar —nos informó María, una bella mujer de nuestro grupo de oración.

Vitoreamos, aplaudimos y preguntamos lo que se suele preguntar.

—¿Cuál es la fecha?

—En un mes.

¿Un mes? Me pareció muy pronto. Entonces recordé que ella tenía cincuenta y cinco años y él más de sesenta. ¿Para qué esperar?

Su voz burbujeaba de entusiasmo.

—He tenido una petición de oración escondida en mi Biblia pidiéndole al Señor que me trajera el hombre adecuado.

—¿Y él es el hombre? —pregunté.

—Creo que sí. Su esposa murió hace poco, y se puso en contacto conmigo. En realidad, nos conocemos hace mucho tiempo.

Decidí hacerle una pregunta por curiosidad.

—¿Es cristiano? ¿Es creyente?

—Dice que asistió a una iglesia hace años. Yo sé que cree en Dios.

Hasta el día de hoy, me reprocho no haberle indicado 2 Corintios 6:14 para recordarle la importancia de no estar en yugo desigual. En cambio, fui cobarde. Viendo su emoción, no me atreví a ser una aguafiestas.

Unos pocos meses después de casarse, mi amiga se dio cuenta de su *large* error. En vez de dar muestras de su fe en Dios, su nuevo esposo atendía con fidelidad a sus hijos adultos de manera emocional y económica. Esos dos hombres le hicieron la guerra. A cada rato le tiraban indirectas con sus actitudes y acciones groseras que hasta hicieron que le saliera una erupción. Su nuevo esposo no la defendía, ni le mostraba amor ni respeto. En su lugar, introdujo dolores de cabeza y dificultades económicas en su matrimonio.

«Pero yo pensé que era el hombre perfecto», me dijo en medio de lágrimas. «Solo quería tener a alguien con quien compartir los últimos años de mi vida».

Mi querida amiga no es la única que se ha precipitado en tener una relación con un hombre que le susurró: «*Yes, yes,* me consagraré a ti hasta el final», solo para desilusionarla.

Te amaré si me das lo que quiero

«Tengo que hablar contigo», me dijo Karen por teléfono. «¿Puedo hacerte la visita?»

Karen tenía una larga historia de pasar por situaciones dramáticas. Cada una tenía una solución lógica. Desde mi punto de vista era lógica, pero no desde el de ella.

—Me detesto —me dijo, desplomándose en mi sofá—. Me dije que no lo iba a hacer. Me iba a obligar a decirle que no.

—¿Qué pasó? —le pregunté.

Suspiró.

—Bueno, me llamó de repente y me preguntó si podía pasar después del trabajo y conversar —hizo una pausa—. Le dije que sí. Razoné que no costaba nada conversar.

Fruncí el ceño y elegí mis palabras con cuidado.

—Pensé que me habías dicho que nunca lo verías de nuevo después de lo que te hizo.

—Ya sé, ya sé. Pero a veces puede ser un tipo bien agradable. Además, yo iba a ser fuerte esta vez.

La versión corta de la historia de mi amiga es que cayó en su trampa de: «¿Quieres ver una película en mi apartamento?». Lo adivinaste, *my friend*. La película no terminó en nada. En cambio, sin resistencia alguna de su parte, él pudo satisfacer sus deseos carnales y la autoestima de mi amiga desapareció.

—¿Y sabes qué pasó después? —se detuvo para soplarse la nariz—. Recibió una llamada, y me di cuenta que era otra mujer. Entonces me pidió que me fuera de su apartamento. Así nada más.

—¿Y qué vas a hacer? —le pregunté.

—Bueno —la ahogaban sus sollozos—, por eso quería hablar contigo. Necesito que me aconsejes. Hace un par de semanas que no me llama. Le sigo enviando correos electrónicos y mensajes de texto telefónicos, y dejándole mensajes en su correo de voz. Nunca me responde... estonces... ¿crees que debo ir a verlo?

Mi amiga había caído en la trampa. Creía que su hombre era sincero cuando le decía: «*Yes*, si me das lo que quiero, te amaré». No obstante, estaba mintiendo.

¿Cómo puedo recuperarlo?

Ahora me toca a mí unirme a mis amigas en el departamento de fracasos románticos. Esta es mi historia.

Unas pocas semanas después de perder la vista, el dolor y la amargura llenaban mis noches de insomnio. Ya leíste cómo Dios me sacó de ese calabozo de penumbra a la luz del amor divino. Aun así, hay otra parte de la historia que dejé fuera, querida *friend*, pues encajaba mejor aquí donde estamos hablando del romance, los hombres, sus señuelos, sus caprichos y nuestras expectativas locas en cuanto a ellos.

Cuando andaba a tientas por la vida, tan ciega como se puede ser, mi esposo llegó a casa una noche y me dijo que teníamos que hablar. Me pidió que diéramos una vuelta en el auto. Me agarré de su mano para que me guiara hacia afuera. Nos subimos al auto y anduvimos en silencio. Aun después de ocho años de matrimonio y tres hijos, ese silencio hacía que me sintiera incómoda y muy inquieta.

—Yo... —vaciló Gene—. No creo que pueda seguir casado contigo.

Me quedé inmóvil y, luego, me volví hacia él. Incapaz de ver su expresión, me aferré a sus palabras, esperando poder cambiarlas.

—¿Qué pasa?

Cuando me dijo que tenía otra mujer en su vida, cada músculo de mi cuerpo se paralizó, sentí calambres en el estómago y un nudo en la garganta.

—Yo... yo necesito ir a un baño —tartamudeé.

Me condujo con rapidez a un restaurante de comida rápida, y en el baño de las mujeres vacié todo lo que tenía dentro. Pero el golpe, el dolor y el rechazo me abrasaban todavía el alma. El hombre en quien confiaba, el hombre a quien le había dicho «Sí» delante de Dios, me iba a dejar por otra. Lo que me esperaba estaba claro: Estaría divorciada con tres niñitos y enfrentándome a un mundo que ni siquiera podría ver. ¿Cómo podría soportarlo? Todos esos años yo había contado con mi esposo. Me había dicho: «*Yes*, esposa querida, proveeré para ti, para todas tus necesidades y deseos». Así y todo, en ese momento se estaba preparando para marcharse.

Entonces, ¿dónde nos equivocamos?

My friends, estas historias son verdaderas. Y quizá te parezcan demasiado conocidas. Quizá hayas pasado por algo parecido. Bueno, no soy psicóloga ni consejera, pero sé dónde encontrar buenos consejos en situaciones como estas. Te daré la sencilla, clara, pero poderosa Palabra de Dios, el mejor de los mejores consejeros. El Señor no cobra nada por sus consejos, no necesita prescribir medicamentos y nunca se equivoca con su sabia orientación. Y lo mejor de todo es que los consejos de Dios están disponibles las veinticuatro horas del día los siete días de la semana.

Por cierto, Dios estuvo a la disposición de aquella mujer junto al pozo hace mucho tiempo. Ella no tenía manera de saberlo, pero el Señor había hecho su cita con ella aun antes de su nacimiento. Ya hablamos (en el segundo capítulo) sobre cómo Jesús la liberó de su pasado. Ahora, miremos de nuevo su historia, y veamos con cuánta suavidad la condujo hacia su futuro. Mientras las ovejas y las cabras balaban en la distancia, y el sol de mediodía quemaba su cabeza, Jesús comenzó su sesión con ella.

Qué extraño es que Jesús eligiera hablar con ella acerca de sus relaciones (Juan 4:16-18). Pudo haberle preguntado sobre cualquier tema. En cambio, decidió hablar de los hombres en su vida. *Friends*, ¿será porque Jesús sabía cuál era la parte de nuestra vida que con frecuencia nos produce dolor, provoca ansiedad y nos mantiene despiertas de noche?

Claro, Jesús lo sabía entonces, al igual que sabe hoy lo que vivimos tú y yo. También está muy al tanto de cómo tratamos de lidiar con estas situaciones y las emociones que nos producen.

Algunas de nosotras hemos dominado la rutina del encubrimiento. Pasamos por la vida tratando de parecer refinadas con el cabello bien arreglado, los pantalones vaqueros tal vez un poco apretados para nuestro gusto y tacones altos que combinan bien con la ropa. Y del hombro nos cuelga una cartera que lo trae todo adentro, desde pañales hasta aspirinas. Aparentamos que lo tenemos todo bajo control. Sin embargo, por dentro somos un complicado conjunto de caprichos, deseos, anhelos y antojos emocionales. Nos parecemos a la samaritana. La única diferencia es que ella vestía una túnica larga, mientras que nosotras nos vestimos con pantalones vaqueros.

Friend, quitémonos las carteras y, como la mujer junto al pozo, traigamos nuestro frasco lleno de inseguridades, deseos insatisfechos, rechazos, soledad o temor al futuro y conversemos con Jesús.

Yo iré primero. Mi frasco es pesado, y estoy jadeante por el peso. Sintiendo el calor de mis deficiencias, con gotas de sudor en la frente bronceada, pongo a un lado el frasco, estiro mi blusa arrugada y miro en la dirección de Jesús. Como la *girl* audaz que soy, quiero respuestas.

«Dime, Señor», comienzo. «¿Por qué nos creaste con ese lugar en nuestro corazón que suplica por un hombre para llenarlo?» Le pregunto a Jesús acerca de esto porque sé que algunas de nosotras haríamos cualquier cosa en este mundo loco para no perder a un hombre. Yo hice eso mismo cuando estaba consumida con las citas románticas durante mis años de universidad. Anhelaba la atención, los elogios y el compañerismo de un hombre para llenar ese espacio vacío que tenía en el corazón.

Lo mismo es cierto para mi amiga Sandy, que se fue a vivir con su adorado, esperando que le seguirían la felicidad y el matrimonio. Y también es la realidad de mi otra amiga, Karen, que entró pavoneándose al apartamento de ese hombre, creyó su «qué linda te ves esta noche» y se entregó a él en todos los sentidos. Ella también estaba buscando el amor de un hombre que llenara el vacío de su corazón. Y lo mismo María, que firmó el certificado de matrimonio en menos tiempo del que se necesitaba para decir «luna de miel», confiando que había encontrado un hombre que sería el compañero que llenaría el vacío por el resto de su vida.

¿Y qué de la *girl* a la que un abusador atormenta a puertas cerradas? Aun antes de que desaparezcan los morados, ella cancela los cargos que había presentado en su contra en la estación de policía. Y con pavor en su alma, regresa a él, arriesgándose a recibir más abusos y maltrato para sus hijos.

«Señor, te ruego que me lo digas. ¿Qué se apodera de nosotras que nos lleva por ese camino?»

¿Qué hombre es ese?

Estoy pensando en otra noche, poco después que mi esposo me dijera que quería terminar nuestro matrimonio. Yo estaba acostada en la cama, mirando hacia la oscuridad, y las lágrimas me corrían por el rostro. Mis hijos, de tres, seis y siete años en ese momento, dormían en sus cuartos. Yo estaba desesperada y angustiada por mi ceguera completa. Además, para añadir a mi angustia, el lado de mi esposo en la cama estaba vacío. No había regresado a casa todavía: estaba con otra. El dolor y el rechazo me llegaban hasta los huesos. ¿Cómo podría vivir con esta herida abierta que me recordaba que estaba sin el hombre que había ocupado el primer lugar en mi vida? El hombre guapo que solo hacía ocho años me dijo: «Te amaré en las alegrías y en las penas, en la salud y en la enfermedad...».

Esas palabras no tenían sentido ahora. En vez de agradables recuerdos, la ceremonia matrimonial era un recordatorio cruel de sueños destrozados. No podía dejar de pensar en mi suerte. Me reproché por no ser mejor esposa. Por no esforzarme más en ser atractiva para él. Por no atender a sus necesidades de manera más eficiente. Me culpaba y me castigaba emocionalmente hasta que las lágrimas se ahogaban en lamentos.

Esa noche, en cambio, cuando enfrentaba los tormentos de una esposa abandonada, Jesús vio mi situación. ¿Cómo lo sé? Porque para sobrevivir, durante el día, comencé a empaparme con la Palabra de Dios a través de una Biblia grabada. Cada vez que podía, escuchaba versículos, perspectivas, promesas, instrucciones. Escuchaba hasta que me salía humo de los oídos. La verdad de Dios penetró hasta mi alma. Así es que sabía que el Señor estaba tan cerca que podía oír mi más tierno susurro.

Girls, dejé a un lado mi orgullo, y Jesús en su manera tierna y suave me dio respuestas. No porque pensara que yo era demasiado sabia o linda, sino porque yo estaba desesperada. Sin embargo, como suele pasar, comenzó preguntándome: ¿Quién es el hombre que crees que debe llenar ese espacio en tu corazón?

Siendo la *girl* rápida que soy, respondí que mi marido. El hombre que quería recuperar. Él era la persona que más amaba. Era el hombre que Dios me había dado para que fuera mi compañero toda la vida.

Wrong! Respuesta equivocada. Jesús estaba a punto de corregirme. Él señaló un pozo semejante a aquel junto al que Él y la mujer estuvieron hace tanto tiempo. Le eché un vistazo. ¡Qué asco! Vi escombros flotantes, en especial mis ideas erróneas acerca de los hombres. Mis expectativas equivocadas de que un hombre podría satisfacer mis necesidades emocionales. Mi hambre mal dirigida de un par de brazos que me hiciera sentir segura de noche. Mi confianza mal puesta de que un hombre sería mi proveedor. Mi anhelo distorsionado por el «*Yes*, te amo» que sellaría su compromiso conmigo de por vida. Y mi tonta creencia de que un hombre me haría completa. Todo eso estaba flotando en las oscuras profundidades de esa hedionda agua de pozo dentro de mi corazón de latina.

No en balde Jesús dijo: «Todo el que beba de esta agua volverá a tener sed» (Juan 4:13). Sed... y debo añadir que con un caso severo de indigestión espiritual. Y muchas veces comprobamos que Él tiene la razón. Año tras año, relación tras relación, hemos estado bebiendo del agua que no puede satisfacer y, luego, nos preguntamos por qué nuestra sed nunca se sacia.

Girls, aquí es donde tienes que sentarte. Suelta el cafecito. Vamos a hablar de la solución que necesitamos todas.

Jesús dijo: «Pero el que beba del agua que yo le daré, no volverá a tener sed jamás, sino que dentro de él esa agua se convertirá en un manantial del que brotará vida eterna» (Juan 4:14). Sin pestañear, acepté su oferta, comencé a beber, y nunca he dejado de hacerlo. Quizá tú ya lo hayas hecho también. Y qué fuente de agua tan hermosa. ¿Puedes casi saborear la dulce frescura? Y no tenemos que ganarla. No tenemos que pagar por ella ni esperar para recibirla. No hay que «esperar de siete a diez días para la entrega». Es nuestra en el momento que ofrecemos el frasco de nuestro corazón para que Jesús lo llene.

No obstante, la noticia es mucho mejor: El agua clara de Jesús que sustituye la del pozo de aguas turbias no es solo para una noche ni una etapa y ni siquiera para toda la vida, sino para la eternidad.

Él es el Hombre

Esa fuente de agua nos brinda lo que necesitamos y lo que anhela el alma: consuelo, dirección, fortaleza y sabiduría. Ya sea que te pases los días coqueteando o compartas la cama con un tipo de hombre que nunca va a ser tu esposo, ya sea que le digas «*Yes*» a ese hombre bien parecido que te susurra mentiras sedantes en tu oído, o tengas un esposo que te dijo «Sí», pero se fue con otra, ya sea que no encuentres el valor ni las fuerzas para decirle «basta ya» al abuso físico. Sea cual sea la situación, Jesús sabe lo que necesitamos, y derrama para cada una de nosotras una porción perfecta de sus océanos de sabiduría.

Jesús sabía lo que yo necesitaba, pero yo no tenía ni idea de lo que era. Estaba demasiada ocupada llorando por la noche, abrazada de la almohada para recibir un falso consuelo. ¿Quién me podía culpar? *My husband* tenía otro amor, y yo estaba sola y herida. Pero en la mañana cuando di otro suspiro antes de enfrentar el día, la Palabra de Dios se filtró. Y del agua que Jesús había ofrecido brotó la sabiduría para triunfar sobre mi triste situación. Estamos hablando de suficiente sabiduría para reconocer que Dios, con precisión deliberada y elaborados detalles, formó nuestro corazón. Y el Señor labró a propósito un lugar específico identificado de manera singular como «solo para Mí».

¡Ajá! Por eso es que ningún ser humano ni hombre con defectos podrá jamás llenar ese lugar. Solo Dios puede llenarlo. Nadie más puede. Nadie más debe.

Me atrevo a decir que a través de los siglos, demasiadas de nosotras hemos cometido el mismo error lamentable de tratar de forzar a un hombre imperfecto y débil a ocupar ese lugar en nuestro corazón que solo es para Dios. ¿El resultado? Un doloroso vacío, un lugar hueco y sediento.

Sonriendo ante la nueva revelación, tomé otro sorbo de esa agua clara y fresca. Y el sabor a confianza era delicioso. Dios me dio la confianza para enfrentar la infidelidad de mi esposo y hacerlo con dignidad y gracia.

«Tenemos que hablar», le dije cuando llegó a casa tarde una noche.

Nos sentamos en la sala, y me viré hacia él. «No te obligué a casarte conmigo, ni te voy a obligar a quedarte».

No tenía preparado ni planeado lo que iba a decir. Sin embargo, mis pensamientos fueron claros y sinceros. Derramé lo que había estado bebiendo: el agua viva que Jesús me ofreció a través de su Palabra. Jesús dijo que sería mi proveedor. Dijo que sería el que me sostendría a través de las noches solitarias. Sería mi compañero cuando me sintiera abandonada. Llenaría el vacío cuando ya no tuviera los brazos de mi esposo para abrazarme. Y Jesús también prometió que supliría mis necesidades. Las necesidades que Él conocía aun antes que las conociera yo misma.

Jesús también me dio en su Palabra que su amor no tendría fin. Nunca me abandonaría. Y su Palabra era digna de confianza, porque me había demostrado su amor en aquella áspera y astillada cruz.

«Ambos sabemos que las sesiones de consejería no nos ayudaron», le dije. «Y no quiero que te sientas atrapado. Si te tienes que ir...», respiré, «te puedes ir. Los muchachos y yo estaremos bien, porque tengo a otra persona en mi vida. Se llama Jesús».

Yes, my friends. Fui más que un poco firme en mis afirmaciones y mis posiciones. Es que había dejado atrás lo de «pobre de mí». Había abandonado ese enfoque tonto que se basaba en mis emociones. Y había descartado el síndrome de «pobre de mí» que me dejaba sollozando en mi pañuelo arrugado y me hacía quedar en ridículo. Y me negué a pintar un cuadro de una chica lamentable, triste, pegajosa y miserable. Sin pretensiones, orgullo, ni justicia propia, me aferré a mi posición segura porque Jesús estaba a mi lado.

Esta es la misma seguridad que Jesús desea para ustedes, sus *women* amadas y dignas de su muerte. Nunca quiso que nos quedáramos en la parte de «Cenizas» de Cenicienta. Jesús murió para hacernos sus bellas hijas, dignas de recibir el mejor, más puro y eterno amor.

Todavía no, amigo

Pasaron varias semanas después de aquella noche en que le mostré mis convicciones a mi esposo. Entonces una noche, llegó a casa y, de nuevo, quería hablar. Me informó que había tomado una decisión: terminar sus relaciones con la otra, continuar con nuestro matrimonio, y renovar su compromiso conmigo y nuestros hijos.

La antigua yo se hubiera puesto de pie al instante, hubiera abrazado su cuello y le hubiera dado tremendo beso debajo de su espinoso bigote. Sin embargo, la nueva yo no hizo nada de eso. En su lugar, levanté la palma de una mano en el aire. «Todavía no. Si vamos a permanecer juntos, necesitamos a Jesús en nuestro matrimonio. Si no lo centramos todo en Él, no vamos a salir adelante».

Él estuvo de acuerdo, y también estuvo de acuerdo en comenzar a orar juntos. Por mi parte, aprendí la importancia del perdón total y genuino. Nos enamoramos de nuevo. Y *girls*, para mi deleite, la transformación de Gene fue tan extraordinaria que a veces creo que está siguiendo el manual de *Cómo ser el mejor esposo* que debe tener escondido debajo del colchón. En nuestros treinta y cinco años de matrimonio, su ternura, amor, devoción y compromiso hacen sonreír mi corazón. Pero a pesar de que su devoción es una corona en nuestro matrimonio, Gene todavía tiene el segundo lugar. Cuando se trata de ocupar el lugar *number one* en mi vida, Jesús es el que encaja a la perfección en ese lugar del corazón de esta *girl*.

Aunque mi historia tiene un final feliz, todavía me pregunto por qué tuve que pasar por ese episodio doloroso en mi matrimonio. Quizá fuera para poder escribirte estas palabras a ti, *my friend*, de modo que no caigas en el pozo de un romance turbio. Para que, en lugar de eso, puedas recibir un empujón para reorganizar tu corazón y hacer de Jesús el hombre de tu vida. De mi experiencia de primera mano, puedo decirte que si lo haces, Él suplirá todas tus necesidades. Entonces, las relaciones humanas tendrán más sentido. Prosperarán con salud y florecerán.

Y aquí está la gratificación: a puerta cerrada, con la luz de las velas titilando en la esquina, el amor que tu esposo te susurra tendrá un sonido más dulce porque lo recibes con la confianza que sacaste de la Palabra de Dios.

Me ama, no me ama

Cuando cometemos errores, a veces nos preguntamos: «¿Qué tal si...?». ¿Qué tal si hubiera hecho las cosas de una manera diferente, si hubiera tomado otro camino, si hubiera elegido otra opción? Quizá mis amigas Sandy, Karen y María se estén haciendo esas preguntas. La felicidad que buscaban estaba a su alcance, si solo hubieran aceptado el agua de la sabiduría que ofrece Jesús. Si se hubieran llenado el corazón con la fuente de agua que salta para vida eterna, sus escenarios podrían haber sido diferentes de manera deliciosa y drástica.

Sandy hubiera mirado de forma directa a los ojos de su esposo y le hubiera dicho: «No, si quieres vivir conmigo, espero el compromiso, el respeto y la devoción a través de los votos matrimoniales delante de Dios. Y, muchachón, te voy a dar una noticia: resulta que Dios es un poco más sabio que tú y yo». Además, la relación sexual es más que piel con piel. La relación sexual es tanto un misterio espiritual como un acto físico. Como dicen las Escrituras: «Los dos se convierten en uno solo». Como queremos ser uno con el Maestro, no debemos buscar el tipo de relación sexual que evita el compromiso. Eso nos dejará más solos que nunca, porque nunca podemos llegar a «ser uno solo» (1 Corintios 6:16-17, NTV).

¿Y qué de Karen? Si hubiera tomado un sorbo de la Palabra de Dios, quizá hubiera tenido las fuerzas no solo para resistir la tentación, sino también para usar la sabiduría de Dios para elegir un hombre que pudiera ver más allá de sus piernas bien formadas. Y en vez de tratar de probar su virilidad en la cama, el hombre que escogería demostraría más bien su integridad y su carácter.

¿Y María que estuvo décadas esperando al Sr. Perfecto? Llena de la sabiduría de Dios, hubiera tenido la confianza para ver las cualidades importantes que le faltaban al Sr. Perfecto. Hubiera sabido que debía evitar un matrimonio con alguien que no tuviera sus mismas creencias y convicciones. Hubiera visto las señales de alerta que le advertían de la angustia que le esperaba. Y si el plan de Dios es que ella se pasara el resto de sus días con el otro lado de la cama vacío, el Señor satisfaría su anhelo del calor de un hombre. No solo eso, sino como lo que hizo Jesús por mi amiga Nancy (cuya historia leíste en el segundo capítulo), su esposo divino llenaría sus días con alegría, satisfacción y gozo desbordante.

¿Y qué me dices de la mujer que se quedó con el hombre violento y sufrió repetidas veces sus abusos? Si hubiera probado las aguas de seguridad que ofrece Jesús, hubiera encontrado valor para establecer límites, buscar ayuda y fortalecerse para seguir adelante. Se hubiera parado firme sobre la verdad de que Jesús es su proveedor de manera económica, física y emocional. Y al perder el temor, oiría la Palabra de Dios cantándole de un nuevo consuelo: «Les responderé antes que me llamen. Cuando aún estén hablando de lo que necesiten, ¡me adelantaré y responderé a sus oraciones!» (Isaías 65:24, NTV).

Ahora les toca a ustedes, queridas *friends*. Las invito a detenerse un momento y preguntarse: ¿Cómo han sido sus relaciones? ¿Todavía el hombre con su «*Yes*» golpea a la puerta de sus corazones? ¿O siguen anhelando tanto ese golpe que se quedan vacías y en soledad noche tras noche?

Te digo que es hora de hacer el lavado. Vaciémonos el corazón de esos conceptos de lo que creíamos que queríamos, necesitábamos, anhelábamos o hasta temíamos. Y con la fresca agua viva del amor de Jesús saturando nuestro corazón, comencemos de nuevo: limpias, saludables y preparadas. Y si viniera un hombre a tu vida, verá una *girl* diferente y única, que brilla con el irresistible fulgor de la sabiduría, la confianza y la gracia.

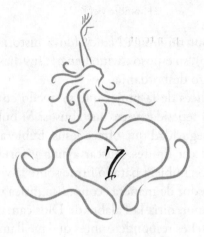

7

¿Eso es todo lo que hay?

El temor de que no tenemos lo suficiente es un
veneno que mata la felicidad.

Mi amiga estaba sentada al otro lado de la mesa en nuestro restaurante favorito. «Te odio», me dijo con una sonrisa. «Mira cuánto comes y nunca aumentas ni un kilo».

Sonreí mientras tomaba otro bocado de mi enorme ensalada rematada con un jugoso trozo de salmón.

«No es justo», me dijo. «Lo único que tengo que hacer es pensar en un pedazo de tarta de chocolate y comienzo a engordar».

Yo amo a mi amiga Rita. Tiene una manera refrescante de decirme las cosas. Sin embargo, hace años que me sigue haciendo el mismo comentario. Así que un día le respondí: «Bueno, pongámonos de acuerdo. Tú me das tu visión, y yo te daré mi metabolismo».

Se rio.

Esa interacción, por tonta que sea, refleja lo que ocurre en las cabezas de nosotras las *girls*. Queremos lo que tiene la otra. Yo lo he hecho también, pero más en ciertos momentos de mi vida. Toda clase de «deseos» daba vueltas en mi cabeza latina antes de que Jesús tocara mi corazón y yo le invitara a entrar. Después de que perdí mi visión, era la reina de lo que la Biblia llama «codicia». Y lo que deseaba era absurdo en ciertos aspectos. Envidiaba a las amigas que tenían la habilidad de comprar su propia ropa, ponerse el maquillaje y montarse en sus autos para ir al centro comercial para las últimas liquidaciones. Lamentaba mi situación y codiciaba lo que no podía hacer o tener. La amargura y la ira estallaban en mí cada vez que pensaba en mi vida.

Se burlaban de mí

Aunque tu «lista de más buscados» quizá sea diferente a la mía, la codicia es igual en todos los niveles. Y esta clase loca de deseos por lo que no tenemos comienza en algún lugar. La mía comenzó en Bolivia.

La televisión no existía en los años sesenta en nuestra ciudad natal de La Paz, así que aprendimos acerca de las maravillas de los Estados Unidos a través de amigos y conocidos que habían tenido la dicha de visitarlos. Y parecido a las maletas que traían llenas de gangas de los centros comerciales estadounidenses, sus cabezas regresaban repletas de historias y descripciones de lo que habían visto. Suspirábamos con admiración a los detalles. Descontentos con el gobierno corrupto de Bolivia y la falta de oportunidades en nuestro país, estábamos locos por tener una nueva vida en los Estados Unidos. Como tantos millones, mis padres pusieron manos a la obra y comenzaron las preparaciones para emigrar: reunieron documentos, certificados y cartas de referencias, y depositaron una buena cantidad de dinero en un banco estadounidense. El proceso tomó cuatro años. Entonces, un día nos dieron luz verde.

«¡Miren!» Mi padre entró corriendo en nuestra pequeña y oscura cocina en La Paz, sosteniendo los papeles en el aire. «El consulado estadounidense nos aprobó».

Eso significaba que al fin nos mudaríamos para el país de la maravillas a vivir al lado de Alicia.

¡Ja, ja, ja! No, *sir*, todo lo contrario.

Una vez que llegamos a Estados Unidos, deshicimos las maletas mientras mi *papi* elogiaba la eficiencia de la policía de tránsito del país. Nos detuvieron cuando nos alejábamos del aeropuerto. Papi creía que el oficial realizaba una revisión rutinaria del auto. *How?* ¿Cómo puede ser eso? No era una revisión rutinaria para nada. Supimos después que a papi le pusieron una multa por exceso de velocidad. *Yes*, ese fue el comienzo de nuestro período de ajustes. Fue un poco triste.

Primero, no sabíamos inglés, un gran contratiempo en ese momento. No había intérpretes disponibles. No existía un «para español, oprima el 2» en un menú automatizado. Dependíamos de un diccionario de segunda mano para encontrarle sentido a esas palabras en inglés. Y los resultados a veces no eran muy lindos.

La jornada comenzó con mi *mami* y mi *papi* entrando de puntillas al lugar de trabajo.

Mami juntó algunas frases medio torpes del inglés limitado que sabía y expresó:«Trabajo gratis. Usted gusta, y usted me mantiene. Usted no gusta, yo voy». Logró convencer a la gringa que la empleara. Sin embargo, no sabía que la jefa le endurecería el corazón con su maltrato. Y esa experiencia fue la cruz que mami llevó durante los años de su empleo.

Papi llegó del trabajo abatido, y la fatiga pintaba su rostro moreno. Su jefe le había gritado. «Tú idiota...». Eso es lo único que papi entendió. El resto eran expresiones confusas o desconocidas en inglés. Luego, descubrió la razón de la frustración del chef. Durante el momento más activo del restaurante del hotel, le pidieron a papi una caja de lechuga. Mi papi entendió la parte de «lechuga», así que compró un tallo de lechuga en vez de una caja.

Mi hermano y yo también luchamos a través del período de ajuste. Una nota que traje de la escuela explicaba la ropa necesaria para la clase de educación física. Mami hojeó el diccionario buscando la definición de «*shorts* de gimnasia». Con la imagen de ese traje en su mente, nos dirigimos a la tienda *Sears*. Al ver todos aquellos anaqueles de ropa, estábamos asombradas de la variedad y la abundancia. Escogimos un par de precio moderado con rayas horizontales de color verde y azul brillante. Me servían, aunque me apretaban un poco en las piernas, pero se ajustaban a la descripción que daba el diccionario.

Cuando el resto de las niñas de sexto grado se quitó la falda del uniforme, yo lo hice también. Las risotadas que llenaron el aire me presionaron como ladrillos. Todas tenían *shorts* azul marino a la medida. Y lo mío era una ropa interior de mujer larga.

Mi hermano tampoco se escapó de las humillaciones. Cuando regresaba a casa de la escuela, dos muchachos lo siguieron y le pidieron el dinero del almuerzo. No tenía ni idea de lo que le estaban diciendo, así que lo empujaron, lo golpearon y le quitaron la moneda de veinticinco centavos que llevaba. A él no le importó, pero a mí sí.

A veces me rasco la cabeza y me pregunto: ¿Por qué nos quedamos? No tengo idea. Lo que sé es que estábamos en el país de la confusión. No estábamos contentos en Bolivia. Sin embargo, después de llegar al país de las grandezas, tampoco estábamos contentos. Yo era demasiado pequeña para entenderlo.

Qué gran amigo

Lo que hizo más llevaderos nuestros ajustes fue un amigo que conocimos. Nos visitaba con regularidad. El Sr. T, siempre lleno de historias y humor, de veras nos entretenía. Nunca habíamos conocido a alguien como él. Al principio, no entendíamos mucho lo que nos decía, pero mientras más lo escuchábamos, más aprendíamos. Y muy pronto nuestros padres empezaron a sentarse en el sofá con nosotros, fascinados por su manera creativa de traer diversión a nuestros ajustes culturales.

Recuerdo que un día el Sr. T nos mostró una linda botella verde que decía «Prell» en letras grandes. El champú, nos dijo, daría brillo y belleza a mi pelo, así que le supliqué a mami que me lo comprara. Ese fue el comienzo del ciclo de querer y ansiar lo que no teníamos, y la comezón por obtener lo que no podíamos darnos el lujo de comprar.

Sé que ustedes son inteligentes, queridas *girls*. Ustedes saben cómo el Sr. Televisor moldea nuestros pensamientos y transforma nuestros valores. Y saben cómo (con sus primos, los Sres. Medios y su amiga, Holly Wood) puede deslizarse en nuestros pensamientos, contaminar nuestros deseos e instalar un apetito de complacencia que creemos que es satisfacción. ¡Qué astutos son!

Cuando fuimos creciendo, pasamos de querer la crema que nos cura el acné a desear el tipo de café que mejora nuestros días. Quedamos enganchados. El apetito de complacencia pasa a formar parte de nosotros. Mientras más sofisticado el producto, más honda la satisfacción, es lo que dicen en esencia.

Los años llegaron y pasaron. Crecimos. Y una vez «americanizados», nos unimos a la hermandad de las que buscan. Todas somos miembros, ¿no? Siempre andamos en pos de ese algo. Seríamos felices si tuviéramos otro tipo de esposo. Un mejor trabajo. Y, *yes, of course*, nos satisfaría que nuestros hijos triunfaran más. Si perdiéramos algunos kilos. La paz se filtraría en nosotras si mejorara nuestra salud. O si terminamos la terraza de atrás o si instaláramos armarios de cocina nuevos.

El problema es que, aun antes de que se seque la pintura, ya nos estamos abrazando a la almohada del descontento porque tenemos planeado comenzar lo que sigue en la lista. Es triste, ¿no?

Eso se debe a que cuando por fin terminamos algo, por un tiempo hace que nuestro corazón sonría. Entonces, *wow!*

La satisfacción es tan difícil de disfrutar como una playa en La Paz. Por lo tanto, ¿qué? ¿Se supone que sigamos la búsqueda del contentamiento y nos conformemos con el sofá de la complacencia?

Mi grandmother tenía la receta

Siempre la tuvo. Sin embargo, a diferencia de Martha Stewart, mi *grandmother* seguía recetas que eran sencillas y que requerían pocos ingredientes. En cuanto a lo que se refería a su fórmula para vivir, seguía un método similar de sencillo. Leía la Biblia. A menudo. Y es probable que allí fuera donde hallara dos conceptos importantes: el contentamiento es un estilo de vida, y la complacencia es prima de la pereza.

My God! Me hubiera gustado sorber un poco de la sabiduría de mi *grandmother* como había sorbido su té de menta. En su lugar, aunque un tanto desagradable para mí, tuve que aprender el lado no muy bueno de la complacencia.

Mira, dejando a un lado el orgullo, cuando de escribir se trata, hallo que me sale con naturalidad. Mal por naturaleza. Solía arrugar la nariz ante esas estrafalarias reglas gramaticales, la puntuación, la dicción, la sintaxis, la estructura de las oraciones y, ¡cielos!, las reglas para evitar los participios sin antecedentes. Lo único que no tenía antecedente en mi mente era un gran signo de interrogación sobre el significado de ese *crazy* término.

No obstante, yo tenía otras razones para estar renuente a echarme encima la tarea de escribir bien (¿o escribir «bueno»?). Como alguien para quien el inglés era su segunda lengua, esta *girl* sentía que no debía ponerse a encadenar palabras en la esperanza de que hallaran acogida en el corazón de lectores anglohablantes. Además, tenía otra excusa. Como me había quedado ciega, tenía suficientes motivos para cruzarme de brazos y sonreír aliviada de no tener que hacer el esfuerzo. Lo único que haría sería escribir «complacencia» en mi frente.

Sin embargo, *my friends*, en una apartada esquina de mi corazón acumulaba toneladas de episodios en los que la mano de Dios me había rescatado y me había librado de la tristeza, la desesperación y el dolor. Y esa forma invisible en que Dios obraba en mi vida burbujeaba dentro de mí, y quería diseminarse en las páginas que para otros lo leyeran y yo pudiera señalarles a Cristo y empujarlos a hallar la misma esperanza que me hacía sonreír.

Las opciones eran claras: Obedecer lo que Dios me estaba diciendo y escribir, u olvidarme de eso, mimarme un poco y sorber té mientras escucho interesantes audiolibros. En cambio, sé que si cedo a esto último, quedaré descontenta e inquieta. Cuando Dios tiene un plan con nosotras y hacemos caso omiso al llamado del Espíritu, el resultado es la insatisfacción. Por eso es que saber la diferencia entre lo que Dios nos tiene planeado y lo que nosotras queremos cambia el canal de la televisión de la vida. Cuando le entregamos el control remoto a Dios, Él pone un programa diferente, uno que sigue su plan, aun si es contrario a nuestros caprichos, nuestra comodidad y nuestra conformidad.

Se casó con un necio

La complacencia puede tener una variedad de consecuencias duras. Lo mismo es hoy que en los tiempos bíblicos. Mira cómo la mezcla de atrevimiento y humildad de Abigaíl salvó la situación. La historia de lo que hizo la hallamos en 1 Samuel 25. Estaba casada con un hombre acaudalado llamado Nabal, nombre que quiere decir «necio». Las Escrituras dicen que «Abigaíl, era una mujer bella e inteligente; Nabal, por el contrario, era insolente y de mala conducta» (1 Samuel 25:3).

Imagínate eso. Un matrimonio similar a muchas relaciones de hoy en día. Algunas mujeres se casan con hombres brillantes y devotos. Y otras les dicen «Acepto» a hombres que no llevan mucho al matrimonio. Nabal encajaba en esa descripción. Dio una respuesta necia cuando supo que el ejército de David había librado a sus propios hombres del peligro. En vez de mostrarse agradecido, no reconoció el gesto bondadoso de David. ¿Han conocido a algún hombre como Nabal? No razonan. Son tercos, y hacen sufrir a los que lo rodean. Nabal trataba con esa necedad a todo el mundo. Y su reacción enfureció a David, quien sacó su espada y les ordenó a sus hombres que atacaran a Nabal y a sus hombres:

> Entre tanto, uno de los siervos de Nabal fue a decirle a Abigail: «David envió mensajeros desde el desierto para saludar a nuestro amo, pero él les respondió con insultos. Estos hombres nos trataron muy bien y nunca sufrimos ningún daño de parte de ellos. Nada nos fue robado durante todo el tiempo que estuvimos con ellos. De hecho, día y noche fueron como un muro de protección para nosotros y nuestras ovejas. Es necesario que usted lo sepa y decida qué hacer, porque habrá problemas para nuestro amo y toda la familia. ¡Nabal tiene tan mal genio que no hay nadie que pueda hablarle!».

Sin perder tiempo, Abigail juntó doscientos panes, dos cueros llenos de vino, cinco ovejas matadas y preparadas, un recipiente con casi cuarenta kilos de trigo tostado, cien racimos de pasas y doscientos pasteles de higo. Lo cargó todo en burros y les dijo a sus siervos: «Vayan adelante y dentro de poco los seguiré». Pero no le dijo a su esposo Nabal lo que estaba haciendo.

Así que montada en un burro, Abigail entraba a una barranca de la montaña cuando vio a David y a sus hombres acercándose a ella. En ese momento, David decía: «¡De nada sirvió ayudar a este tipo! Protegimos sus rebaños en el desierto y ninguna de sus posesiones se perdió o fue robada. Pero él me devolvió mal por bien.

¡Que Dios me castigue y me mate si tan sólo un hombre de su casa queda con vida mañana por la mañana!». Cuando Abigail vio a David, enseguida bajó de su burro y se inclinó ante él hasta el suelo. Cayó a sus pies y le dijo: —Toda la culpa es mía en este asunto, mi señor. Por favor, escuche lo que tengo que decir. Sé que Nabal es un hombre perverso y de mal genio; por favor, no le haga caso. Es un necio, como significa su nombre. Pero yo ni siquiera vi a los hombres que usted envió. (1 Samuel 25:14-25, NTV)

David aceptó su disculpa y desistió del ataque. Y más tarde, cuando murió Nabal, tomó a Abigaíl por esposa.

Sabia y determinada, Abigaíl tenía una opción. Podía haberse sentado junto a su cocina de leña y llorar a lágrima viva por la suerte que le tocaba. O abrir la entrada de su tienda y arriesgarse a todo. Escogió esto último y entró en acción. Incentivada por el deseo de salvar a su gente, se dispuso a hacer lo debido.

Vamos, *girls*, si Abigaíl pudo hacerlo, nosotras podemos hacerlo también. Es hora de decirle *goodbye* a la complacencia. Lo necesitamos porque si no, a la larga volveremos a caer en las aguas de la ansiedad. Todas tenemos algo que necesita corrección o mejora. ¿Qué tienes tú? No importa lo que sea, hallarás que la inacción puede ser tan peligrosa como la acción. La complacencia puede absorberte el gozo.

A menudo no es la pereza ni la ociosidad, sino el temor lo que nos arroja al sofá de la complacencia. Dios fue el que lo dijo primero: «Dichosos los que trabajan por la paz, porque serán llamados hijos de Dios» (Mateo 5:9). A veces nuestra renuencia a «trabajar» por la paz nos mantiene atadas a alguna circunstancia difícil, sufriendo lo que tenemos que sufrir y soportando lo que no tenemos que soportar. Esto nos resulta tentador porque se nos enseñó desde *little girls* que el sufrimiento es parte de la vida de una mujer. Y, como lo hicieron nuestras antepasadas, se espera que soportemos el maltrato. Debido a que deseamos ser *girls* buenas, tratamos de mantener la paz a toda costa. El único problema es que no hay paz que mantener. En su lugar, nos encontramos en medio de un tornado de ansiedad.

Dios, en cambio, manda que luchemos por la paz. Así que depende de ti y de mí que nos metamos en la cocina de la vida y la preparemos. Requiere grandes cantidades de valor extraídas de la Palabra de Dios, porciones de visión piadosa, muchas tazas de paciencia, y todos los ingredientes empapados de la fortaleza de Dios.

Adelante hacia el contentamiento

La complacencia y el contentamiento son tan opuestos como el *ballet* y la rumba. La complacencia le cierra la puerta a la paz; el contentamiento la abre. Aun así, nadie dijo que fue fácil. La búsqueda del contentamiento, quizá nos convierta en *girls* de acción: deseo de agradar, trabajo duro, hacer lo que es bueno, ser una buena esposa, alimentar a los niños y al perro, sonreírle al esposito. Sin embargo, *wow!* ¿Dónde está el contentamiento? La respuesta me llegó una noche mientras contaba mis bendiciones. De repente, me di cuenta que mi satisfacción era un poco incompleta. Solo necesitaba una bendición más, un logro más, una pluma más para alegrar mi *sombrero*.

¿Alguna vez has oído la historia de un hombre extremadamente rico a quien le preguntaron cuánto más dinero planeaba tener? Contestó: «Un poquito más». Qué loco, pensé. Tiene suficiente dinero para comprar a Nueva York, ¿y quiere más? De cualquier modo, *friends*, todos somos iguales. Siempre pensamos que deseamos una cosa más. Y con renovada determinación y *a lot* de pasión, nos lanzamos a alcanzar niveles más altos.

Ahora bien, ha llegado el momento de mi confesión. He aquí mi lado ambicioso para que todas lo vean. Con el tiempo, fui más allá de la complacencia y decidí escribir. *Good!* Esa parte era buena. Sin embargo, en el proceso surgió algo sutil. Comencé a codiciar los logros de otros escritores. Esperaba y anhelaba tener lo que tenían: toneladas de premios literarios y páginas llenas de enlaces de Google con sus logros. Vestida con el verde de la envidia, soñaba con ese tipo de éxito, imaginando el título de mi libro y mi nombre en la lista de éxitos de librería. Así que sonriendo ante esa expectativa, planeé iniciar una gira de costa a costa para autografiar libros. Mi publicista tendría que escoger las entrevistas que aceptaría... *Ophra* o *Buenos días, América*. Entonces, con los jugosos cheques de regalías que recibiría, pagaríamos todas las tarjetas de crédito y mi esposito y yo nos pasaríamos una semana en Hawái.

What is wrong? ¿Qué tiene de malo ese sueño? ¿Ese no era el estilo americano... apuntar a la luna? Si no llegamos a la luna, de todos modos estaremos entre las estrellas. El problema es si establecemos nuestras metas pasando por alto el factor «VE», el valor eterno, esas cosas que mantienen su valor por la eternidad. Sin «VE», cuando lleguemos a las estrellas, nos será difícil respirar, y nuestro desencanto será tan grande como los cráteres de la luna que queremos alcanzar.

¿Se acuerdan de Marilyn Monroe, la estrella de cine rubia que fue famosa en la década de 1950? Lo tenía todo: fama mundial, dinero y un futuro más brillante que su sonrisa. En cambio, sin «VE» que guiara su vida, se hundió en la desesperación y lo trágico es que se quitó la vida. Y sabemos que no ha sido la única. Miles de «triunfadores» han terminado en bancarrota, en las drogas o en un desastre. ¿Por qué?

Rick Warren, en su libro *Una vida con propósito*, nos recuerda que no se trata de nosotros, sino de Dios. Qué forma tan sencilla, clara y directa, pero qué difícil es ponerla en práctica... ¡al menos para esta *girl!* Sabía que ir en pos del éxito que brinda el mundo es un caso perdido, pero de todos modos quería escribir el mejor de los libros, de esos que producen un impacto tan fuerte que le dan un rejuvenecimiento facial a *Facebook*. Y esperaba ver una foto mía, con la brillantez del éxito y la satisfacción, destacada en la página principal de mi página web. Entonces, el apóstol Pablo le arrojó un balde de agua a mi sueño. En su estilo fuerte y directo dijo:

> Les aconsejo que obedezcan solo la voz del Espíritu Santo. Él les dirá a dónde ir y qué hacer. Procuren no obedecer los impulsos que por naturaleza pecadora; porque por naturaleza nos gusta hacer lo malo. Esto va en contra de lo que el Espíritu Santo nos ordena hacer; lo bueno que hacemos cuando la voluntad del Espíritu Santo se impone, es exactamente lo opuesto a nuestros deseos naturales. Estas dos fuerzas luchan entre sí dentro de nosotros y nuestros deseos están siempre sujetos a sus presiones. Pero si ustedes son guiados por el Espíritu Santo no tienen que obedecer la ley. Cuando seguimos nuestras malas tendencias, caemos en adulterio, fornicación, impurezas, vicios, idolatría, espiritismo (con lo cual alentamos las actividades demoniacas), odios, pleitos, celos, iras, ambiciones, quejas, críticas y complejos de superioridad. E invariablemente caemos en doctrinas falsas, envidias, crímenes borracheras, orgías y muchas otras cosas. Como ya les dije antes, el que lleve esa clase de vida no heredará el reino de Dios. (Gálatas 5:16-21, LBD)

Pablo les escribió esto a los cristianos de Galacia, pero también es para los cristianos de los Estados Unidos, Bolivia y de todas partes. Y, gracias a Dios, a continuación de esta fuerte advertencia añade un poco de estímulo:

> En cambio, el Espíritu de Dios nos hace amar a los demás, estar siempre alegres y vivir en paz con todos. Nos hace ser pacientes y amables, y tratar bien a los demás, tener confianza en Dios, ser humildes, y saber

controlar nuestros malos deseos. No hay ley que esté en contra de todo esto. (Gálatas 5:22-23, TLA)

Siendo la *girl* obediente que trato de ser, cambié de manera de pensar. Trabajar para ser una autora de éxitos de librería es trabajar para mí. En cambio, trabajar duro para traer un mensaje que conduzca a los lectores a Cristo es trabajar para Dios.

Dónde hallarlo

No es de extrañar que muchas de nosotras andemos por ahí disgustadas, ansiosas y estresadas. Buscamos el contentamiento en los lugares equivocados. Si lo buscamos en el éxito, hallaremos arrogancia. Si lo buscamos en las relaciones, hallaremos decepción. Si pensamos que el contentamiento nos espera en una buena cuenta bancaria, hallaremos vacío.

La tarea que nos espera es diferente ahora. Soltamos los tacones altos, nos calzamos nuestros *Nikes* y nos ponemos a trabajar. La motivación ha cambiado. Impulsados por una sabiduría que nos ayuda a reconocer tareas que se acoplan al molde de «VE», lo entregamos todo, damos lo mejor de nosotras y, con el sello de aprobación divino, obtenemos el máximo provecho. Obtenemos el tipo de contentamiento que no se anuncia en la televisión.

Aunque el apóstol Pablo no conoció a mi *grandmother*, tenía también una receta secreta, receta que ustedes y yo tenemos que descubrir. Es la mejor medicina para los trastornos del estrés y las oleadas de miedo. Es la cura que nos da entrada a una dulce felicidad. Sin embargo, *girls*, lo extraño es que Pablo aprendió esto en una oscura y lúgubre prisión. Estando allí, no vociferó, ni maldijo su suerte, ni sacudió con enojo las rejas. Más bien, cantó. *Yes*, cantó alabanzas al Señor. Y escribió, quizá con dedos artríticos, palabras que han resonado a través de los siglos: «He aprendido a contentarme, cualquiera que sea mi situación. Sé vivir humildemente, y sé tener abundancia; en todo y por todo estoy enseñado, así para estar saciado como para tener hambre, así para tener abundancia como para padecer necesidad. Todo lo puedo en Cristo que me fortalece» (Filipenses 4:11-13, RV-60).

Girls, si Pablo aprendió a contentarse, nosotras debemos hacerlo también. Seguro que todos estos años en que hemos bebido *coffee with milk* han hecho que nuestras células cerebrales aprendan sin mucho esfuerzo. Es hora de agarrar el *sombrero*. Nos dirigimos hacia el sol de la libertad. Estamos saliendo de las cárceles oscuras de la falsa seguridad, de codiciar lo que no debemos, de querer lo que Dios no nos ha ofrecido y de ansiar lo que carece de valor eterno. Una vez fuera, respirando la frescura de la libertad, hallamos contentamiento, pero no al final de la jornada, sino en cada paso y en cada etapa.

La fisgona que hay en mí quiere saber. *And you?* ¿En qué etapa de tu peregrinación estás ahora? ¿Estás jadeando mientras corres hacia la meta? ¿Vas impulsada, sin tiempo para descansar, y se te ha olvidado que debe haber paz en el camino? Cuando me pregunto eso, comprendo que la etapa en que estoy se llama ceguera. A pesar de eso, en vez de desesperarme y correr de aquí para allá en busca de algún tratamiento que me restaure la vista, hallo contentamiento en la tarea de hoy, en el gozo de este instante, en los retos de esta hora y en la sabiduría que Dios me ha dado esta semana.

My friends, el mundo se está afeando por minuto. Oímos de guerras, enfrentamos conflictos, vivimos con incapacidades, luchamos con relaciones que se desmoronan y observamos nuestras desnutridas cuentas de retiro. Y para colmo, el futuro se burla de nosotros con sus incertidumbres. Queremos un cambio con urgencia. Queremos que se detenga toda esa basura. Anhelamos ser felices.

My dear friend, esos cambios no van a producirse. Porque el contentamiento no se encuentra en tener todo lo que queremos, sino en querer todo lo que tenemos. Es gratitud, gratitud genuina, que silencia al Sr. T y a las demás voces que nos tientan a desear más. Como dijo Jesús: «Dios bendice a los humildes [que se contentan con lo que tienen], pues ellos recibirán la tierra prometida» (Mateo 5:5, TLA [énfasis añadido]).

Al final del día, cuando la casa esté en silencio, cuando nuestro *husband* y nuestros *children* están dormidos, nos ponemos unas chinelas suaves, nos tiramos en nuestro cómodo sofá y nos preguntamos: Ahora mismo, en este momento, ¿concuerda mi lista de quehaceres con los propósitos eternos de Dios o, en su lugar, satisface mis preferencias? Las cosas en las que invierto la mayor parte de mi tiempo, mis energías y mi dinero, ¿tienen valor eterno, o sea, una importancia que trasciende a este mundo?

Si la respuesta es *yes*, desde lo más profundo del alma y con sincero corazón, ¿podemos susurrar solo para que lo oiga Dios: «Señor, estoy en una muy perfecta paz aun si esto lo es todo»?

Resuena una melodía de esperanza

Si no somos capaces de ir a Dios, debemos temer
que nunca vendrá la cura.

«Detesto mi vida», dije mientras tocaba la punta de la funda
de mi almohada y derramaba algunas lágrimas. Sin embargo,
¿de dónde salieron esas lágrimas? Pensé que ya las había llorado
todas. «Creo que no puedo soportar este dolor».

La casa estaba en un doloroso silencio. Y las noches eran
más largas y oscuras que nunca. Solo unas pocas noches antes,
mi hijo de diecinueve años, Joe, me dio un beso en la mejilla
mientras salía por la puerta. Y, ahora, se había ido para siempre.

De repente, me habían dejado entre las madres de corazón
partido. Con sus mundos patas arriba, con preguntas sin respuestas y enfrentando días de pena total. Tenía expectativas en

cuanto al futuro de Joe, pero estas cayeron en el abismo de la tragedia.

¿Cómo nos las arreglamos las madres cuando tenemos que llevar una carga que pesa como peñascos sobre el corazón?

Dear friends, antes de que piensen que este capítulo las va a deprimir, déjenme decirles algo diferente: Dios se ocupará de nosotras en el camino hacia la esperanza, la sanidad y la restauración. Así que adelante, rellenen la fuente de tortillas y *cheese* derretido. Siéntense, y juntas veremos las formas en que Dios restaura lo que nos ha arrebatado la tragedia.

¿Sabías que hay dos tipos de personas en el mundo? Las que han sufrido una tragedia devastadora y las que tienen que consolarlas. Aunque nunca hubiera querido que fuera así, estoy en el primer grupo. Y con todo lo que hay en este corazón latino, les contaré cómo Dios convirtió una inconcebible tragedia en un triunfo redentor.

No vamos a volver a las ideas abstractas de siempre. Más bien observaremos las grietas de un corazón destrozado. Un corazón destrozado por una pérdida, como la de un hijo, un esposo, un padre o un amigo. O cualquier otra pérdida que recubra nuestros días de melancolía, como cuando se pierde la salud, la independencia o cualquier otra cosa que atesoramos, y cuya pérdida deja una dolorosa cicatriz. Examinaremos la agonía, la negación, el enojo, la aceptación y, por último, la preciosa liberación de la angustia.

Cuando menos lo esperamos

Cuando uno se despierta en la mañana, jamás nos dicen: «Perdón, *lady*, dígame lo que prefiere para hoy. ¿Le gustaría la fractura de un dedo? ¿O la comida quemada? ¿O le gustaría tener un accidente automovilístico? ¿Perder su trabajo? ¿O perder un hijo?». Es que todas esas cosas, pequeñas o grandes, nos toman por sorpresa. Nunca estamos preparadas para que una tragedia explote en nuestra vida. Siempre son cruelmente inesperadas. Más o menos felices y un poquito ocupadas, nos deslizamos por la vida. Nos hacemos una lista de lo que queremos hacer. Planeamos una cena con amigos. Con una agenda apretada, establecemos fechas y horas para asistir a reuniones de la iglesia, a eventos deportivos de los hijos y a reuniones sociales. Y siendo expertas en tareas simultáneas, hasta nos metemos en la Internet para ver si encontramos alguna oferta de vacaciones en el estado del sol.

Entonces, de repente, el trueno de una mala noticia ruge ensordecedor y conmovedor. Se acabaron los días soleados, las citas de nuestra agenda, las reuniones y los planes. El cielo azul se torna negro, los rayos destrozan nuestra seguridad y los vientos del dolor nos azotan sin misericordia. Y, *wow!* La tormenta acaba de empezar. Su destructiva naturaleza nos provoca pánico. *What happened? And, why?* Qué nos acaba de pasar... ¿y por qué? La agonía es real, pero los porqués son elusivos. Los noticieros vespertinos están ofreciendo detalles que, antes, se referían a otras personas. A otras víctimas. En cambio, ahora, para angustia tuya, tienen que ver contigo, tienen que ver con tu *family*.

Eso fue lo que nos pasó. Con una serenidad que bordeaba la frialdad, el reportero pronunció el nombre de Joe como el de la víctima. Cuando escuché esos detalles en el televisor, el aturdimiento me impidió reaccionar. Escuché sin darle crédito. Actos violentos como aquel les suceden a otras personas, no a nosotros los que donamos al Ejército de Salvación y mantenemos el césped cortado y sin malas hierbas. Aun así, eso no importaba. Las malas noticias corrieron como un incendio voraz. Ahora éramos nosotros las personas de las que susurraban los vecinos. «Qué pena... es una *family* muy buena».

Why? ¿Por qué? La pregunta resuena de manera triste e inútil, pues nadie tiene la respuesta. A pesar de eso, seguimos preguntando, creyendo que si existiera una respuesta, podría ayudarnos a mitigar el dolor y llenar el vacío.

Entonces, sucedió algo extraño. Comenzamos a pensar que no era cierto. Tenía que ser una pesadilla. De seguro la luz del día disiparía los horribles detalles. No obstante, una persona más llamó para decir: «La acompaño en su sentimiento. Era un joven maravilloso». La realidad me golpeó de nuevo. Mi hijo se me había ido. Jamás volvería a sentir sus brazos alrededor del cuello cuando me abrazaba. Mi mundo ha cambiado, y la realidad es demasiado enorme para que yo pueda comprenderla... y mucho menos aceptarla.

No importa en qué forma perdemos a un hijo: una larga enfermedad, un accidente, un acto de violencia... la pérdida es siempre la misma, la ausencia es siempre palpable. Y debido a eso, la preparación para una pérdida no aminora el dolor que se siente.

No me dejes pasar por eso

Todo comenzó tarde una noche. Mi esposo y yo ya nos habíamos acostado cuando sonó el teléfono. El hermano de Joe contestó y, luego, entró al cuarto.

—Hirieron a Joe —nos dijo.

—¿Dónde lo tienen? —pregunté asustada.

—Cerca de aquí —respondió—. Dicen que vayamos en seguida.

Las manos me temblaban y el pulso se disparaba. A toda prisa nos volvimos a poner la ropa que traíamos, y corrimos al lugar que me indicó la persona que llamó.

—Quiero ir adonde está —dije.

—No, señora, no puede pasar —me dijo un paramédico—. Estamos atendiéndolo.

La ambulancia condujo a Joe al hospital y nosotros la seguimos. Mientras esperábamos y esperábamos en aquella oscura y fría sala de emergencia, yo repetía oraciones en las que le pedía a Dios que Joe saliera bien.

Entonces, escuché la voz del médico:

—¿Son ustedes los padres de Joe Eckles?

Me puse de pie de un salto.

—Sí. ¿Cómo está él? ¿Cuándo nos lo podemos llevar?

—Señora, me duele decirle que su hijo no sobrevivió.

Cuando el médico nos dio los horribles detalles, el mundo se me volvió más negro que nunca. Joe había tenido un altercado con un hombre en la carretera que concluyó en el estacionamiento de una tienda cerca de casa. Ambos salieron de sus autos, pero Joe no sabía que el tipo iba armado con un cuchillo. Mi hijo no sobrevivió a las veintitrés puñaladas que recibió.

¡Ay, Dios mío! Quedé aturdida y horrorizada con cada detalle que me dieron. Me costó mucho procesar lo sucedido. Y las circunstancias que repasábamos una y otra vez no nos calmaban el dolor. Más bien lo insensible de aquel acto lo hacía más doloroso.

Los días que siguieron estuvieron llenos de preparativos para los funerales. Qué dolor tan horrible y desconcertante producían esos preparativos. Yo debía haber estado preparando cosas agradables como su graduación de la universidad, su próxima fiesta de cumpleaños o sus próximos logros atléticos. Sin embargo, no era así, *my husband* y yo estábamos frente al escritorio del director de la funeraria.

—Estas son las opciones —nos dijo—. ¿Qué tipo de féretro prefiere?

¿Qué tipo de féretro prefiero? La pregunta me dejó sin aliento.

—Yo qué sé —masculle, pues tenía la mente a mil kilómetros de allí.

—Entiendo —dijo el señor.

A pesar de eso, nadie entendía de veras. Escoger un féretro para un hijo es una tarea que ninguna madre debiera tener. No para el bebito que creció ante nuestros ojos, el que criamos, del que nos ocupamos de que comiera sus vegetales y el que regañamos cuando desobedecía. Su ausencia era algo extraño. Y lo mismo los detalles: lo que se iba a cantar en el culto, los arreglos florales y la redacción del obituario en el periódico. Yo no había pedido aquello. No lo tenía planeado, ni para entonces ni para nunca en mi vida. Dirigí esas quejas al vacío de mi alma. Por fuera saludaba a los que llegaban al funeral, sonreía cuando era adecuado hacerlo y enmascaraba mi agonía con palabras de gratitud. En cambio, cuando los amigos y los familiares se marchaban, el miedo me llenaba de dolor el pecho al presentir lo que serían los próximos días.

Comenzó la lucha libre

Cuando una tragedia de esta magnitud estalla, la montaña de la fe entra en erupción como un volcán y esparce lava de dudas. *Yes.* Dudas. Preguntas, ansiosas preguntas. Y para añadir confusión, nuestras emociones descontroladas nos diluyen la Palabra de Dios. Confundidas por el dolor, nos atrevemos a desafiar su poder.

«Quédense quietos, reconozcan que yo soy Dios» (Salmo 46:10). Este versículo irrumpió en mi corazón cuando la noticia del médico quedó registrada allí. Sin embargo, a diferencia de la claridad que tenía antes, para mí no tenía sentido. Estar quieta no era lo que yo quería. Quería respuestas, milagros. Y quería que desaparecieran todas las malas noticias. Por añadidura, estar quieta me era imposible. Mis emociones rebotaban por todas partes. Además, tenía la cabeza llena de pensamientos tenebrosos.

Entonces, vestida de tristeza, entablé una pelea con Dios. Él me había prometido ser «nuestro amparo y nuestra fortaleza, nuestra ayuda segura en momentos de angustia» (Salmo 46:1). «Si estabas conmigo en la sala de urgencias», le pregunté, «¿por qué no oíste mi clamor para que salvaras a mi Joe? ¿De veras estás tan cerca como dices que estás? Ahora tengo miedo, de veras miedo, de que el doloroso vacío que me dejó Joe nunca se vaya a llenar».

«No tengas miedo, porque yo estoy contigo; no te desalientes, porque yo soy tu Dios. Te daré fuerzas y te ayudaré» (Isaías 41:10, NTV).

«¿Qué me dices de esos momentos en los que estoy a punto de desmoronarme y trato de enfrentar la rutina de la vida?»

«"Mi mano victoriosa siempre les dará su apoyo" (Isaías 41:10d, TLA). Puedes contar con eso».

Oh, my goodness! No podía parar. Con ojos hinchados y enrojecidos, pataleé enojada. Contrasté las promesas de Dios con mi dolor, real y punzante. Los amigos me dijeron que eso era normal cuando se está de duelo. ¿Normal? Para mí normal era Joe entrando a la casa, tirando la bolsa de su enlodado uniforme de fútbol en la lavadora, y dándome un abrazo con sus musculosos brazos. Y mientras masticaba las primeras cosas que encontraba en el refrigerador, dejaba escapar comentarios ingeniosos. Aun los más tontos me hacían reír a carcajadas. Eso era normal para mí y para mi familia. Me resentía de las «etapas de luto» o del «proceso de duelo». Nada de eso estaba en mis planes de madre con tres hijos.

Así que mi pelea con Dios continuaba una ronda tras otra.

«Señor, cuando veo que otras familias están completas y felices, tiendo a sentir rabia y a querer volverme loca. ¿Me sostendrás siempre?»

«Sí, "porque yo soy el SEÑOR, tu Dios, que sostiene tu mano derecha; yo soy quien te dice: 'No temas, yo te ayudaré'"» (Isaías 41:13).

«He tratado muchas veces de entender el porqué de esto. Joe solo tenía diecinueve años, era bien joven. ¿Por qué me lo arrebataste tan pronto?»

«Confía en el SEÑOR con todo tu corazón, no dependas de tu propio entendimiento. Busca su voluntad en todo lo que hagas, y él te mostrará cuál camino tomar» (Proverbios 3:5-6, NTV).

Pensarás que después de unas cuantas semanas de esta terca lucha dejaría mi enojo y volvería al buen camino. Pensarás que confiaría, me asentaría y, con corazón humilde, dejaría que Dios derramara ungüento en mi herida. Ah, no, esta *girl* no. Todavía atrapada en el torbellino emocional que se produjo en los aposentos íntimos de mi alma, Dios y yo seguimos luchando.

Por último, cansada de luchar, reconocí el origen de mis quejas. Procedían de la lástima de mí misma. Por algún motivo desconocido y extraño, me dieron un distorsionado sentido de consuelo. Ya era hora, *my friends*. Era hora de soplarme las narices de una vez y para siempre, arrojar el pañuelo en la basura y aclararme los oídos para dejar que Dios penetrara de nuevo en mi destrozado corazón.

My God! A fin de lograrlo tenía que ser tan sincera como David: «Examíname, oh Dios, y sondea mi corazón; ponme a prueba y sondea mis pensamientos. Fíjate si voy por mal camino, y guíame por el camino eterno» (Salmo 139:23-24).

Dios no tuvo que ahondar mucho. Mi intensa lucha, mi menguante fe y mis pensamientos cargados de necia ansiedad estaban ante los ojos de Dios. Y en medio de todo eso, Dios vio el concepto que llevaba escondido dentro: que una cristiana como yo, entregada por completo a Jesús y decidida a seguir sus caminos, no merecía aquel castigo.

Ahí estaba: la revelación desnuda. Había ido del golpe a la negación, al enojo, a la pena... y allí me había quedado. El que pensara que lo sucedido fue cruel, injusto e inmerecido por completo me impedía pasar a la aceptación. Y como las *girls* somos complicadas, lo opuesto también es cierto. En medio de nuestros lastimeros suspiros, a veces creemos que porque hayamos hecho algo malo o no hubiéramos amado a Dios lo suficiente, se nos castiga. Con razón no llega la aceptación; en nuestras débiles mentes convertimos el dolor en castigo inmerecido.

¿Cuánto tiempo demorará?

Traté de ser fuerte por mi esposo, cuyo dolor era también evidente. Me sentía impotente al no saber cómo aliviar su pena.

«Me dijeron que hay un grupo de apoyo para padres que perdieron un hijo», le dije una noche.

Decidimos asistir a una sesión.

Las palabras amistosas y las expresiones de comprensión retumbaban en el enorme salón. Los asistentes anunciaban ceremonias en recordación de hijos que murieron. Y las parejas contaban lo que les había pasado. Hacía tres semanas de la partida de Joe. Algunos de aquellos padres perdieron a sus hijos tres años atrás. Aun así, su dolor seguía igual. Sus palabras se ahogaban en medio de sollozos y lágrimas de enojo. ¿Quién podía culparlos? Nadie puede curarse por completo de una pérdida igual.

¿O sí pueden? ¿Puedo yo?

En el camino a casa le pregunté a Dios cuánto tarda uno en curarse. «¿Piensas dejarme como esas madres que, años después, siguen llorando a diario?» Esa noche dejé a un lado los pañuelos desechables. Y con un poco de determinación, me acomodé en el sofá, me puse los auriculares y escuché la Biblia. Metí mis pensamientos de tristeza en un cajón. Y por primera vez, después de largas semanas, tenía la cabeza clara para prestar atención, mucha atención, a la voz de Dios a través de los versículos de la Escritura.

Allí, en el libro de 2 Samuel, estaba escondida la respuesta: David, arrepentido y restaurado a pesar de sus errores y pecados, se le llama un hombre conforme al corazón de Dios, un tremendo elogio para cualquiera. Dios amaba tanto a aquel hombre que lo convirtió en rey grande, poderoso y encantador.

Sin embargo, la vida de David no siempre fue bonita. Cuando se le enfermó el hijo, «David se puso a rogar a Dios por él; ayunaba y pasaba las noches tirado en el suelo. Los ancianos de su corte iban a verlo y le rogaban que se levantara, pero él se resistía, y aun se negaba a comer» (2 Samuel 12:16-17).

Yo casi sentía la intensidad del amor de David hacia ese niño. Al igual que él, también entramos en la habitación de la desesperación y clamamos a Dios por nuestros seres queridos.

Finalmente, al séptimo día, el niño murió. Los consejeros de David tenían temor de decírselo. «No escuchaba razones cuando el niño estaba enfermo —se decían—, ¿qué locura hará cuando le digamos que el niño murió?».

Cuando David vio que susurraban entre sí, se dio cuenta de lo que había pasado.

—¿Murió el niño? —preguntó.

—Sí —le contestaron—, ya murió.

De inmediato David se levantó del suelo, se lavó, se puso lociones[a] y se cambió de ropa. Luego fue al tabernáculo a adorar al Señor y después volvió al palacio donde le sirvieron comida y comió.

Sus consejeros estaban asombrados.

—No lo entendemos —le dijeron—. Mientras el niño aún vivía, lloraba y rehusaba comer. Pero ahora que el niño ha muerto, usted terminó el duelo y de nuevo está comiendo.

—Ayuné y lloré —respondió David— mientras el niño vivía porque me dije: "Tal vez el Señor sea compasivo conmigo y permita que el niño viva". Pero ¿qué motivo tengo para ayunar ahora que ha muerto? ¿Puedo traerlo de nuevo a la vida? Un día yo iré a él, pero él no puede regresar a mí. (2 Samuel 12:18-23, NTV)

En realidad, *my friends*, ¿harías eso? En el minuto en el que parte tu precioso hijo, ¿te pondrías un vestido nuevo, te rizarías el pelo, te pintarías los labios y dirías: «Estoy bien»?

¡Jamás! Sin embargo, he aquí la cosa: David sabía algo tan profundo y cierto que lo llevó a reaccionar de una forma extraña... extraña para nosotros en este lado de la historia. Después de bañarse, quizá se pusiera ropa nueva, no porque fuera a trabajar o a la guerra, sino porque iba a un lugar de adoración. Y estando en la presencia de Dios, el corazón de David recibió una operación espiritual, una de las mejores cosas que hace Dios. El Señor le sacó del corazón los conceptos errados y puso en él la más dulce, la más profunda y alentadora verdad: que David volvería a ver a su hijo. ¡Imagínate! Con razón le volvió el apetito. ¿Y a ti no?

¡Dios mío!, *friends*, analicemos esto. Fue una promesa maravillosa. A pesar de eso, en mi débil cabeza latina tuve que preguntar: «¿Cómo Dios iba a permitir que David volviera a ver a su hijo? ¿O cómo va a permitir que yo vea a mi Joe? ¿Y cómo va a permitir que vuelvas a ver a tu ser amado?

Ni por un minuto te sientas mal si esta promesa es un tanto difícil de entender. Si a Marta le costó un poco de trabajo, a nosotras también. Ella era la *girl* hacendosa que le preparó un almuerzo al Señor Jesús. Y como nosotras hoy, tendría flequillos en la frente debido al sudor y harina en la nariz. Quizá tuviera manchas en el delantal. Se quejaba y regañaba a su hermana, María, quien estaba disfrutando la frescura de las enseñanzas de Jesús, en vez de ayudar con los quehaceres de la casa. Marta, en cambio, no muy contenta con eso, con las manos en la cintura le pidió que fuera a ayudarla en la cocina.

Yo me identifico con Marta. Estuve en la cocina del luto, quejándome del dolor que sentía en el corazón. Y en el proceso, estuve sudando tristeza, y en el delantal de mi alma tenía manchas de la amargura que me produjo mi pérdida. Marta se perdió la mejor parte: una verdad que no tenía nada que ver con los quehaceres, pero sí mucho que ver con la decisión de Dios de enviar a Jesús.

Más tarde, después que Lázaro el hermano de Marta muriera, la Biblia cuenta que Jesús lloró (Juan 11:35). La Biblia no dice por qué lloró, pero tengo una idea. Creo que lloró porque se compadeció del sufrimiento de las Marías y las Martas del mundo. Aunque creo que lloraba también porque Marta, como millones de otros y yo, malentendemos la muerte. Fíjate en la conversación de Jesús con Marta cuando llegó a la tumba de Lázaro.

«Marta le dijo a Jesús: "Señor, si hubieras estado aquí, mi hermano no habría muerto. Pero también sé ahora que todo lo que le pidas a Dios, Dios te lo concederá"» (Juan 11:21-22, RVC).

Yo sabía eso también. Yo le había pedido al Señor que librara a Joe de todo mal. Y Jesús pudo haberlo hecho si lo hubiera querido. Aun así, no lo hizo. Al igual que Marta, yo lo cuestioné.

«Jesús le dijo: "Tu hermano resucitará". Marta le dijo: "Yo sé que resucitará en la resurrección, en el día final"» (Juan 11:23-24, RVC).

Yo también sabía eso. Dos años antes de que Joe se me fuera, asistí a un campamento de la Confraternidad de Deportistas Cristianos. Y cuando explicaron el plan de salvación y cómo tener una entrada al cielo garantizada, Joe invitó a Jesús a que entrara en su corazón. Recibió la promesa de una eternidad en el cielo. Sin embargo, yo lo quería conmigo en vez de tener que esperar al día de la resurrección.

Lo que Jesús le dice a María a continuación es asombroso: «Yo soy la resurrección y la vida. El que cree en mí vivirá, aunque muera; y todo el que vive y cree en mí no morirá jamás. ¿Crees esto?» (Juan 11:25-26).

¿No morir en absoluto? Esas palabras retumbaron en mí. Las saboreé como el delicioso *rice with milk* de mi *grandmother*. Las repetí una y otra vez. Con un gran suspiro de alivio, comprendí que tenía que decidir: ¿Creo de verdad, o sigo dudando y dejando la Palabra de Dios para entregarme a horas de lamentaciones? No porque sea inteligente ni hábil, sino porque estaba hastiada de aquella dieta de angustia, escogí lo primero. Cambié de mentalidad.

Fue entonces que, como borra de café, mis emociones negativas se fueron asentando en el fondo de mi corazón partido en espera de la reparación divina. Recogí la bolsa de mi fe y arrojé fuera las dudas. Saqué una reservación en la limusina y me encaminé a la autopista de la sanidad. Me cepillé el pelo, esbocé una sonrisa y hallé que los ojos no me ardían tanto, porque había rechazado aquellos momentos de autocompasión. Me sentí cómoda en el asiento.

Mientras avanzaba, hallé que a veces el camino tenía grandes baches. Se llamaban cumpleaños, Navidad, Acción de Gracias y cada vez que sentía mucho la ausencia de Joe. Eran momentos en que recordaba al amado, sus gestos, sus palabras, sus abrazos, sus besos. No eran baches muy terribles. Si nos sacuden, es que estamos avanzando. Y no nos quedamos destrozadas en un lado del camino del dolor.

Aun así, te advierto. El camino tiene también baches grandes. Y cuando menos lo esperamos, podemos atascarnos en el lodo de las mentiras. La mayor nos repite que estamos separadas para siempre de esos seres queridos. En cambio, si estos conocieron a Jesús y anduvieron con Él, magnífico. Al leer esto, tus seres amados están preparando el atuendo perfecto para asistir a la reunión de todas las reuniones.

Y, *how good!* El camino tiene también áreas de descanso donde podemos reabastecernos de compasión. Y con una buena cantidad de este atributo seremos capaces de ayudar a otros a salir de la casa del dolor. Con una sonrisa de empatía, podemos abrirles campo junto a nosotros para recorrer juntos el camino hacia la restauración.

Las habitaciones son de lujo

Como soy ciega, paso buena parte del tiempo imaginando. Es más, siempre que estoy despierta utilizo mi imaginación. A veces trabaja horas extra. Y cuando trato de imaginarme a Joe caminando por calles de oro, me cuesta un poco de trabajo dibujarme esa escena en la mente. Debe ser que en esta tierra caminamos sobre concretos de dificultades, inseguridades e inquietudes. No podemos imaginar lo que es vivir en un lugar donde el esplendor no se pueda explicar ni los detalles divinos se puedan describir. No cuando el pecado, la violencia y la maldad retumban por doquier. Aun así, eso no debe sorprendernos: «Cuando esto, que es corruptible, se haya vestido de incorrupción, y esto, que es mortal, se haya vestido de inmortalidad, entonces se cumplirá la palabra escrita: "Devorada será la muerte por la victoria". ¿Dónde está, oh muerte, tu aguijón? ¿Dónde, oh sepulcro, tu victoria? Porque el pecado es el aguijón de la muerte, y la ley es la que da poder al pecado. ¡Pero gracias sean dadas a Dios, de que nos da la victoria por medio de nuestro Señor Jesucristo!» (1 Corintios 15:54-57, RVC). ¡Gracias, Dios!

La muerte, y con ella la culpa y el pecado, desaparecen. Sin duda, nuestros seres amados estarán caminando en calles de oro.

> ¿Puedes imaginarte llegar a la orilla y descubrir que es el Cielo?
>
> ¿Puedes imaginarte tocar una mano y descubrir que es la de Dios?
>
> ¿Puedes imaginarte respirando un aire nuevo y descubrir que es celestial?
>
> ¿Puedes imaginarte despertar en la gloria y descubrir que es tu hogar?[1]

Con razón Jesús lloró. ¿Será porque sabía que no captamos el mensaje? Quizá no logremos comprender el esplendor que nos tiene preparado. Vemos la muerte como el final. Jesús la ve como el principio. Tememos que llegue. Él se deleita en que la derrotó. La tenemos como una tragedia. Él la ve como un triunfo consumado. Tememos su finalidad. Él abre las puertas celestiales. Nos hundimos en la tristeza. Él nos eleva a la vida eterna.

Lancemos todos esos malentendidos a la basura de las confusiones. Y no importa quién se nos haya adelantado a la gloriosa casa de Dios, la cura es espiritual, la calma es emocional y los tiernos recuerdos son físicos. Ese es el bello equilibrio que nos deja el triunfo sobre la tragedia.

María y Marta aprendieron esto. Cuando cesó la risa de Lázaro, murió y sus hermanas lo enterraron. No obstante, Jesús lo volvió a la vida en demostración del poder de Dios que actuaba por medio de Él. Y no se precipitó a hacerlo para demostrar que tenía bajo control la sincronización de los acontecimientos (Juan 11:5-6). La perfecta sincronización de Dios, a menudo contraria a la nuestra, es perfecta. La risa de Joe se detuvo. Y con un corazón en calma y un alma tranquila, acepté la pausa. Yo *still waiting*, sigo a la espera. Volveré a estar con él. Esa esperanza es muy dulce. Ese día, con mis ojos físicos, veré los destellos de sus ojos avellanados y lo afectuoso de su sonrisa. Con firme audacia me permito contar con eso. No creerlo sería negar que Jesús, con una inmensa espada de amor, matara la muerte.

My friend, es hora de que pongas tu saco de tristeza en las manos de Jesús. Él puede manejar el tuyo. Él puede manejar el mío. Y juntas despertaremos a un nuevo comienzo donde termina el luto, nutre la paz, reaviva la risa, sustenta el gozo y se fortalece la seguridad respecto al futuro. Y después de esta vida terrenal, en vez de un final, más vida, eterna y cierta. La banda de mariachis toca con *hope*... esperanza y expectativa.

NOTA

1. Según aparece en una placa en la casa de una amiga. Adaptado de la letra de «Finally Home», música de Don Wyrtzen, letra de Don Wyrtzen y L.E. Singer. Copyright ©1971 New Spring, una división de Brentwood-Benson Music Publishing (ASCAP). Derechos reservados.

All fin, tengo paz en mi ser

Cuando nos hacen daño, aceptarlo es bueno,
soportarlo es mejor, perdonarlo es supremo.

«Ay, *my God!* ¿Cómo se atreven a hacerme esto?» Pataleamos y, a regañadientes, nos preguntamos si Dios está escuchando nuestro dolor.

My friend, déjame serte sincera. Cuando nos hieren, aborrecemos las injusticias de la vida. Y queremos respuestas, soluciones y restauración. Y lo queremos pronto, a estilo microonda: pronto y fácil. Sin embargo, la realidad se burla de nosotras. Cuando nos enfrentamos a una traición, a un abuso o a un engaño, nuestro mundo se entenebrece, y la angustia controla nuestras emociones. Al principio, *como víctimas*, nos sentimos asombradas, heridas y devastadas. No podemos concebir siquiera que podamos recuperarnos en lo emocional de nuestra complicada situación.

Así que pasamos por un *HELL*. Leíste bien: un infierno. Entonces, antes de que pienses que soy irrespetuosa, cómete un poquito de tu *rice with milk* porque no vamos a andar con pasos cautelosos en este asunto. Más bien seremos un poco más que atrevidas al explorar la basura que nos llena el corazón de dolor. Ya sabes que no lidiaremos con menudencias superficiales. He aquí lo que representan en inglés las siglas de *HELL*, infierno:

Harboring [albergar] hostilidad
Embracing [aferrarnos a] nuestro dolor
Looking [buscar] una disculpa
Longing [anhelar] una venganza y llanto de dolor

Sin un ápice de orgullo, reconozco que he caminado sobre los rescoldos ardientes del *HELL*. Quizá tú también. Por eso te invito a que te unas a mí y que juntas vayamos hasta el lugar donde se halla la solución, la salida del *HELL*, y entremos al paraíso de la libertad.

Cuando albergamos hostilidad

Almost always. Casi siempre estos elementos del *HELL* describen el drama que se desarrolla en el escenario de nuestro corazón herido. Abandonamos nuestro raciocinio, nuestra lógica, nuestro buen juicio. *Very good*, muy bien, ahora queda espacio para la hostilidad que nos quema por dentro. ¿Quién puede culparnos? Nuestras reacciones como *good girls* que no merecen lo que nos hicieron, tienen el derecho de darles cabida a las amarguras. Y, *why not?* ¿Por qué no? Se espera cierto grado de enojo.

Si nos dan un consejo, asentimos con la cabeza, pero *inside*, bien adentro, quisiéramos decir: «No me vas a quitar el derecho de enojarme por lo que me han hecho. Jamás».

Still more, ¿dice Efesios que no nos vayamos a la cama enojadas? *I don't think so*, no creo. Sin duda, Dios espera que nuestro enojo se esfume cuando pongamos la cabeza en la almohada si se trata de cuestiones de poca importancia, como cuando alguien nos corta el paso en la carretera, o cuando a nuestro *husband* se le olvida nuestro aniversario.

Sin embargo, cuando nos ponen patas arriba con una travesura, nadie tiene por qué soportarlo, las reglas vuelan por la ventana. Seguro que el enojo se instala en la habitación para huéspedes de nuestro corazón, y sin vacilación le preparamos una buena comida para que se alimente bien y no muera.

Cuando abrazamos el dolor

El grado del daño que sufriste no importa. Todas tenemos esto en común: En un momento u otro caemos en esa trampa infernal. Sufrimos desilusiones; quedamos resentidas. Cuando alguien nos hiere, caemos en la autocompasión. Y si alguien nos habla de perdón, huimos sacudiendo la cabeza con vehemencia. Aquello de perdonar a alguien que nos ha herido nos sabe al aceite de hígado de bacalao que nuestras *grandmothers* trataban de meternos en la boca. Ese es el problema: cuando sentimos un dolor devastador, el perdón parece imposible. Y a veces la persona a la que nos cuesta perdonar es alguien que hemos amado y en la que hemos confiado. La herida está en carne viva.

«Ya no aguanto más», decía la carta. La persona describía algo bastante común: el esposo le había sido infiel. ¿Y con quién? Nada menos que con una amiga íntima.

Llevaron sus confusas y atolondradas emociones a la oficina de un consejero.

«No puedo perdonar», aseguraba.

Incluso, años después, confesó: «Todavía me acosa. Amo a mis hijos, y quiero que mi familia permanezca unida. Aun así, no me lo puedo quitar de la cabeza. No puedo arrancarme este dolor...».

My God. ¿Quién puede criticar a ese corazón herido? Cuando un cónyuge es infiel, la devastación es más de lo que se puede soportar. Cuando Gene, mi esposo, me confesó lo mismo, mi incredulidad se volvió ira, y la ira se volvió autocompasión. No merezco esto. Yo era la *good wife*, pensaba, fiel, dedicada y hasta asistía a sus aburridos juegos de sófbol. ¿Cómo se atrevió?

Ah, sí, esos pensamientos pueden pegarse como las lagartijas en la tela metálica alrededor de nuestra piscina. Aun cuando pensamos que nos los hemos arrancado todos, el persistente recuerdo de que fuimos víctimas de infidelidad se desliza más cerca de nosotras. Y, de manera inútil, tratamos de olvidar y es *casi* como perdonar. Aun los momentos íntimos se contaminan con sentimientos de incredulidad. *Nothing, nothing* parece como antes.

Entonces, salen a flote estrafalarias preguntas. ¿Qué si *my husband* cae de nuevo en la tentación? ¿Podré confiar de veras en mi compañero? ¿Cómo puedo asegurarme de que esto no se repita? No importa cuántos «Perdóname que te herí» y «Te prometo que no volverá a suceder» inunden nuestros momentos de disculpas, las dudas y las sospechas encienden las llamas de nuestro *HELL*, de nuestro infierno. Y en lo más íntimo nos aferramos al dolor. *Why?* ¿Por qué? Porque esa es nuestra manera de mantener vivo el dolor. Si sigue vivo, nuestro esposo jamás olvidará el horror de la traición, y de seguro que evitará repetirla.

Wrong. Aferrarnos de tal manera al dolor nos debilita los brazos. Se vuelven demasiado débiles para recibir la paz y la seguridad que solo puede dar el perdón.

En busca de una disculpa

La alcoba matrimonial no es el único lugar donde se alberga el *HELL*.

—Mi padre quiere venir a pasar unos días con nosotros —me confió una amiga.

—¿Qué piensas hacer? —le pregunté.

—¿Después de todo lo que me ha hecho? Después de todos los años que han pasado, pensé que ya había dejado a un lado esos sentimientos —suspiró—. En cambio, ahora que tengo a mis hijitas, las cosas son diferentes. No puedo olvidar lo que hizo. No es que quiera vengarme, pero tiene que pagar —hizo una pausa—. ¿Sabes que nunca lo ha reconocido?

Los abusos sexuales, sin importar cuándo sucedan, cómo sucedan, ni quién conociera los detalles, dejan cicatrices imperecederas. Los psicólogos concuerdan en que una violación de tal magnitud estropea la vida de la víctima. El dolor se lleva dentro, y la lucha por sanar puede ser más profunda todavía cuando hay otra persona a quien culpar, alguien que sabía del abuso y no hizo nada por impedirlo.

No soy psicóloga, solo una *girl* sincera que observa el dolor que esas mujeres llevan dentro. Por lo que me dicen, el que castiguen al abusador o que este pida perdón pudiera ayudar en la cicatrización.

A veces, pasa *a life time*, toda una vida, sin que el perpetrador pida perdón ni dé señales de pesar ni remordimiento. Y el dolor continúa. Es constante y profundo. *How sad*, qué triste. Y mientras esperan una disculpa que nunca llega, la pena inflama su llama en su propio *HELL*.

Anhelos de venganza y llanto de dolor

«Sí, eso fue lo que me dijo. Nunca olvidaré sus palabras».

Las palabras son armas poderosas. Y si son afiladas, como machetes, dividen familias y las despoja de todo amor que exista en ellas.

«Mi hermana no irá al funeral de ese familiar», me dijo una amiga. «Se niega debido a que su hijo estará presente».

Quedé petrificada. ¿Por qué causa una madre y su hijo no se habían hablado y habían evitado encontrarse en más de veinte años?

Esa chica no se atreve a averiguar los motivos. *No doubt*, no hay duda, que ambas partes tienen justificadas razones. Cada parte se aferra a las suyas, a su propia lógica y dolor. Y el que evitaran encontrarse era un esfuerzo por lograr el secreto deseo de castigar un poco y vengarse mucho. Siempre de manera muy triste, y *subtly*, el *HELL* sigue consumiendo días hasta el final de esta tierra.

«No descansaré hasta que paguen», me dijo una triste madre cuando me llamó en busca de consuelo. «La policía tiene que pagar por su negligencia y por dejar que mi hijo muriera». Traté de consolarla. Hice todo lo que pude para hacerle ver que debía dejar eso. En cambio, se aferraba a lo que llamaba su «misión en la vida». Su dolor la cegaba a las armas con que el mundo puede herir. Y había cerrado los ojos a las formas de sanar de Dios. En vez de satisfacción y paz, es probable que su anhelo de venganza aumente su dolor y la sitúe en la categoría de víctima.

Ese mismo *HELL* arde cuando nos castigamos por algo que hemos hecho o dejado de hacer. Los errores que cometemos. La tentación a la que sucumbimos. El dolor que hemos causado o el daño que hemos infligido. La culpabilidad persistente nos susurra: «Tienes que pagar, *a lot*, mucho, de una gran manera». Entonces... *how long?* ¿Hasta cuándo? En nuestras noches de desvelo, nos preguntamos si el sufrimiento y los azotes emocionales que nos infligimos tienen fecha de expiración.

«Está en manos de un consejero». Le oí a un amigo contar la misma historia una y otra vez. A la madre de un pequeño se le había quedado un envase de limpiador de plomería en un estante bajo. El pequeño se puso la tapa en la boca y se quemó muchísimo los labios y la lengua. Después de varias cirugías plásticas para reparar la desfiguración del niño, el *HELL* de la madre seguía molestándola. Los sentimientos de culpa y menoscabo aumentaban su dolor.

Como padres, podemos culparnos más pronto que detectar un pañal sucio. Y, como lo hemos hecho montones de veces, podemos desechar el maloliente problema. No obstante, deshacernos de la culpa es *very difficult*, mucho más difícil. Así que lamentamos nuestras estupideces, nuestras acciones absurdas y nuestros descuidos. Lo confesamos, lloramos, nos ponemos epítetos feos por lo que hayamos hecho. Y *soon*, muy pronto, toda culpa nos frota hasta que nos duele. Perdonarnos no nos parece adecuado.

¿Y cuál es la puerta para escapar de ese infierno?

Como podrían esperar, mis queridas *friends*, he estado en unos cuantos de esos escenarios. Mi *HELL* lo prendió una injusticia. No estoy hablando de cosas como esas de que el jefe no te dio la promoción que esperabas. Hablo de una injusticia cruel, increíble e impactante.

Un año después de la muerte de Joe, llevaron al culpable a los tribunales. El juicio duró *three days*... los tres días más difíciles de mi vida.

Rodeada de familiares y amigos, me senté en los duros bancos de madera del tribunal. Y escuché los detalles de la lucha de mi Joe esa horrible noche. Mientras el médico forense describía cada una de las veces que el cuchillo penetró el cuerpo de mi hijo, sentía como si las puñaladas estuvieran entrando en mi corazón y clavándoseme en el alma. En silencio, le pedí a Dios que me diera valor y fuerza para soportar ese juicio. Por último, al final del tercer día, el juez le leyó al jurado sus instrucciones. Nos pidieron que saliéramos de la sala, y esperamos afuera.

Three hours más tarde, el jurado llegó a una decisión. El alguacil abrió la puerta de la sala de justicia. «La sesión va a comenzar. Todas las partes pueden entrar». Entramos a la sala en silencio. Le agarré la mano a Gene y el alguacil pidió que nos pusiéramos de pie. El corazón me palpitaba. Le supliqué a Dios. *Lord, que se haga justicia.*

El presidente del jurado ocupó su lugar al frente y leyó el veredicto. «Hallamos que el acusado es inocente de todas las acusaciones».

Inocente.

Esas palabras me hicieron temblar.

El hombre había alegado que lo había hecho en defensa propia y lo absolvieron. Nuestro lado de la sala se sintió destrozado. El otro lado vitoreó.

Mientras arrastrábamos a casa nuestro corazón destrozado, clamé al Señor: «*My God!* ¿Cómo puedes permitir tal injusticia?». Estaba cuestionando la soberanía, la fidelidad y la justicia de Dios.

«Señor», grité, «dices que tú dispones todas las cosas para el bien de quienes te aman y los has llamado de acuerdo con tu propósito» (Romanos 8:28).

Entonces... *how?* ¿Cómo puedes hacer que esta horrible injusticia redunde para bien?

Sin respuestas, comenzó mi *HELL.*

Alimentaba mis sentimientos de pérdida y abandono por el Único que prometió ser mi defensor y mi refugio. Albergaba hostilidad. Sentada en la silla de la autocompasión, les daba cabida a mi desilusión y a mi dolor. Anhelaba que la venganza fuera una dura sentencia de prisión, y esperaba escuchar de aquel hombre una disculpa llena de arrepentimiento y remordimiento. Y con lágrimas en los ojos, lamenté mi suerte como víctima de una injusticia.

Los días eran tediosos, y las noches nunca parecían terminar. Y, mientras tanto, yo le daba vueltas a las razones de por qué esto nos sucedió a nosotros.

Así que, ¿cuándo termina?

Cada una de las cosas que he relatado en este capítulo, incluyendo las mías, ilustran cómo uno puede estar dando vueltas en el sótano oscuro del *HELL*, donde no nos corresponde estar.

Sin embargo, *one night*, una noche gloriosa y dulce, hallé la libertad.

Gene y yo nos habíamos arrodillado para orar. Aunque solo habían transcurrido unas semanas, ya habíamos sufrido demasiado por aquella decisión del jurado. Y con corazones destrozados, seguimos orando. Orábamos por fortaleza. Le pedíamos a Dios que nos curara y nos aliviara de la picadura de la injusticia.

—¿Sabes lo que no hemos hecho? —dijo Gene.

Yo pensaba que lo habíamos hecho todo. Lloramos bastante. Oramos bastante. Y con bastante desesperación habíamos buscado respuestas.

—Si ese hombre se arrepiente y recibe perdón —me dijo—, algún día estará adorando a Dios en el cielo con nuestro Joe.

Respiró hondo y añadió:

—Tenemos que perdonarlo.

Suspiré por dentro, porque sentía cierta culpabilidad por no haberlo dicho yo. De modo que la verdad era que aunque Dios había ordenado perdonar, necesitaba tiempo para lidiar con mi dolor antes de tomar una decisión tan difícil. Perdonar... ¿Significaba eso aceptar el crimen y la injusticia que se cometió después?

Contuve la respiración mientras los pensamientos se me arremolinaban en la cabeza. Aunque no era nada sencillo, esa era la opción. Negarnos a perdonar hubiera sido ponerle otro candado a la prisión de nuestro resentimiento.

—Eso es lo que tenemos que hacer —asentí.

Esa noche se abrieron las puertas de la libertad. Se deshizo la prisión que nos mantuvo encerrados con barras de dolor y enojo. Perdonar a aquel hombre no era que íbamos a saltar al auto, dirigirnos a su casa, tocar a la puerta y con un gran *hug*, ofrecerle nuestro perdón.

No obstante, perdonarlo *significaba* que nos habíamos sobrepuesto al *HELL* que había abrasado nuestros días. Aunque el hombre no había pedido que lo perdonáramos, extenderle la gracia de un total y genuino perdón fue el regalo que nos dimos a nosotros mismos.

¿Sobreponernos?

Ya han pasado años desde que tomamos esa decisión. Y, *my friends*, basada en esa experiencia, quiero hablar de una verdad que las desconcertará un poco. Perdonar no es solo lo que sentimos dentro. Perdonar es honrar a Dios. Aun así, ¿es posible perdonar? *Yes*, pero es un proceso. Primero, hay que reconocer que este mundo es en extremo imperfecto. El mal abunda. Los momentos oscuros son inevitables. Se presentan, nos hacen daño y violan todo lo que pensamos que es sagrado.

Segundo, es *dumb*, es tonto no esperar que haya etapas de tristeza, dolor o perjuicio. Pero es peligroso permanecer en ellas, habitar en ellas.

A la larga, tenemos que aceptar que todo eso es parte de la vida. No de una manera robótica, sino con madurez y una mente sana que con suficiente serenidad cruza el umbral del perdón. Eso tuve que hacer años atrás, cuando enfrentamos el episodio de infidelidad en nuestro matrimonio. Yo perdoné por completo a Gene. Sin mirar atrás. No manteniéndolo sobre su cabeza ni en mi corazón. Cada vez que escribo al respecto, Gene lo aprueba y tiene mi misma pasión de ayudar a otras parejas con el ejemplo de nuestra victoria.

En todas las ramas de la vida, abundan las injusticias. Y la justicia puede ser ciega. A pesar de eso, la injusticia nos permite descubrir la belleza del perdón.

¿Hay belleza en el perdón? *Yes*. Es bello cuando captamos esta sabiduría en la Palabra de Dios. La sabiduría de conocer que Dios espera que perdonemos. La sabiduría de aceptar que no podemos deshacer el pasado. La sabiduría de ver que no podemos forzar el remordimiento en el corazón de otra persona, ni podemos cambiar la conducta de otra persona.

No me pidas que cambie

¿No les molesta cuando alguien les dice que hagan algo, pero no les dicen cómo hacerlo? Voy a ser *different*. Daré los detalles. Les mostraré cómo hacerlo. *My friends*, he aquí el punto básico. *Please, listen*. Tomen una silla y escuchen. Es muy importante.

Podemos optar por la libertad, pero cuesta. Tenemos que hacer algo bien contrario a nuestra forma latina de hacer las cosas. Tenemos que cambiar de forma de pensar.

Yes, leíste bien. El cambio no tiene que producirse en el corazón de la otra persona, sino en el nuestro. Para hacer *chicken with rice*, hay que cocinar el pollo. Hay que hervirlo bien para evitar la contaminación de la salmonela. Lo mismo pasa contigo y conmigo. Tenemos que permitirle a Dios que hierva el concepto de que todo gira en torno a nuestra fragilidad emotiva. Así, el Espíritu Santo puede sacar el veneno de ese amargo dolor. Cuando nos concentramos en nosotros mismos, *wow!*, nos olvidamos de Dios y del mandato bíblico de perdonar. Y es probable que, para disgusto de Dios, nos olvidemos del divino plan, del perfecto plan para triunfar y sanar.

Jesús dice: «Si perdonan a otros sus ofensas, también los perdonará a ustedes su Padre celestial. Pero si no perdonan a otros sus ofensas, tampoco su Padre les perdonará a ustedes las suyas» (Mateo 6:14-15). ¿Dijo Jesús «si no perdonan»? Oh, *my God*. Tiene que conocernos *very, very well*, muy bien pero que muy bien. Conoce nuestra testarudez.

Así que, *my friends*, la instrucción es clara. Es hora de cambiar. El cambio comienza con el perdón que ustedes y yo ya recibimos. *Yes*. ¿Recuerdan cuando plantamos flores en el jardín? Las manos se nos ensuciaron, se nos llenaron de lodo y tierra. *With a lot of water*, con mucha agua, nos las lavamos y restregamos. Sin excepción, todas hemos caído en la suciedad del pecado. ¿Y qué hizo Dios? No nos condenó. No sonrió mientras hervíamos en el pecado en preparación para un infierno eterno. Más bien, Jesús corrió a las agua para limpiarnos del pecado. ¿Están listas? *He forgave us*, Él nos perdonó por completo. *Thank you*, Señor Jesús.

Tengo listas mis piedras

El Evangelio de Juan nos pinta un cuadro aterrador. Comenzó con una terrible escena. Llevan ante Jesús a una mujer que sorprendieron en adulterio. La Biblia no da más detalles. Es probable que se deslizara en una carpa calurosa o en un cuarto oscuro, y se acostara con un hombre con el que no estaba casada. Aquel no era su día porque la sorprendieron. La arrastraron hasta un pedregal para lapidarla. No era una escena agradable, y ella sabía lo que le esperaba. ¿Se imaginan lo que deber haber estado pensando? *Of course*, claro, maldecía el tiempo que pasó con aquel hombre. Él no valía la lluvia de piedras que iba a caerle encima. Él era culpable también, ¿pero estaba dispuesto a compartir las consecuencias? No, ella estaba sola ante sus jueces. Nos referimos a una injusticia mayor que el firmamento.

Girl, quizá hayas andado por un camino similar. Entraste en unas relaciones que, como una mala película, era emocionante al principio, un poco interesante a medio camino, ¿pero *what happened?* El final fue hediondo. Y mientras la desagradable hediondez perduraba, no sabías cómo deshacer el embrollo. *Thank you, Lord!* ¡Gracias, Señor, que en nuestra cultura occidental nuestras indiscreciones sexuales no se pagan con lapidaciones! Si así fuera, tendríamos una seria escasez de piedras.

En nuestra cultura latina como en muchas otras, hemos visto que los valores y las actitudes cambian como los estilos de peinado. Sin embargo, la verdad de Dios no ha cambiado. Y aunque el Señor siempre ofrece perdón, las serias consecuencias de nuestro pecado afligen día y noche. Pudieran ser las piedras del pesar que nos golpean el corazón, o las piedras de la vergüenza que nos hacen tropezar cuando tratamos de avanzar, o las grandes rocas que obstruyen nuestro progreso. Todas nos impiden el paso cuando encontramos dolorosos recuerdos de momentos de placer que se convirtieron en dolor duradero.

Aun así, miren, en Jesús podemos notar una de las más bellas características de Dios. *Good news!* Se llama misericordia. Jesús estuvo cerca de la acusada. Los ojos negros de la mujer estaban llenos de terror. Tenía los nervios de punta, y el alma llena de pesar. Se apoyó en las primeras piedras. Y los arrogantes fariseos, mientras demandaban que Jesús pronunciara el veredicto, ya tenían piedras en las manos. Gruñían con sed de venganza.

He aquí lo que vino a continuación: «Jesús se inclinó y con el dedo comenzó a escribir en el suelo. Y como ellos lo acosaban a preguntas, Jesús se incorporó y les dijo: "Aquel de ustedes que esté libre de pecado, que tire la primera piedra"» (Juan 8:6-7). Según las normas de los fariseos, y quizá según las nuestras también, la reacción de Jesús no tenía sentido. *Why?* ¿Por qué defendió a una pecadora? *Friends*, lo hizo porque Él es así. él actúa de esa manera. Y para eso vino. Vino para perdonarnos... para que también podamos perdonar. Y gracias a su perdón, nuestras vidas llenas de pecado tuvieron una segunda oportunidad. Nuestras relaciones se pueden componer, y nuestros negros sentimientos hacia los que nos hicieron daño pueden transformarse. Ese es el poder del perdón.

No obstante, si eres ese tipo de *young woman* que engulle escepticismo en cada comida, Jesús da un paso más por ti. El pecado de la adúltera se anunció con luces de neón en toda la aldea. Nadie se lo perdía. Pero Jesús transformó la escena. Cuando los que querían castigarla se fueron, la mujer debe haber exhalado un suspiro de alivio más largo que el Mar Rojo.

Entonces, Jesús se volvió y clavó sus compasivos ojos en los de la mujer y le dijo: «Vete, y no vuelvas a pecar». Deben haberle sorprendido esas sencillas instrucciones. Y podemos estar seguras de que abandonó la plaza de mercado pellizcándose para estar segura de que todo era cierto. Debe haber tratado de calmar su corazón que palpitaba sabiendo lo cerca que había estado de que la hubieran hecho papilla bajo aquellas piedras.

Este hombre Jesús tenía poder para perdonar, amor para libertar y bondad para dar nueva vida. Enseñó perdón no solo a ella, sino también a la multitud airada y lanzadora de piedras. ¡Ay, *my God!* ¿Pudiera algunas de nosotras estar entre ellos? Si cavamos hondo, tendríamos que reconocerlo. Aun hoy, agarramos esas piedras en nuestras bien arregladas manos. Y, con dientes crujientes, levantamos el brazo, listo para lanzarlas...

... al *husband* que se atreve a engañarnos.

... a los que abusaron de nosotras.

... a los familiares que nos dieron la espalda.

... al jurado que emitió una decisión injusta.

... a la persona que le quitó la vida a tu hijo.

Y, luego, si nosotras mismas caemos en un foso de errores o equivocaciones, agarramos una piedra todavía más grande. En el silencio de la noche, la utilizamos para golpear nuestro propio pecho cargado de culpabilidad.

¿Qué escribiría Jesús?

¿Y qué me dices de esos acusadores? Jesús se ocupó de ellos también. Los miró. Los observó, los esperó y contempló cada rostro. Vio en ellos corazones manchados de pecado. Y observó la ira que los consumía. No los culpó, no los enfrentó, ni los condenó. Se limitó a inclinare y escribir en la tierra con el dedo.

La Biblia no nos dice lo que Jesús escribió en la tierra ese día. Sin embargo, con una pizca de audacia y toneladas de humildad, esta *young woman* se va a atrever a adivinar lo que escribió Jesús. Fue un mensaje para toda la humanidad, incluyéndonos a ti y a mí: *Pronto moriré para limpiarte; después resucitaré para mantenerte amada, para mostrarte cómo se perdona y para libertarte.*

Si esta verdad es tan fácil de entender, ¿por qué la amargura y la falta de perdón acompañan a millones todas las noches? Porque aunque sabemos del tierno corazón del Señor, nos apegamos a nuestros conceptos:

Jesús dice que está perdonado. Pero siempre estamos repasando esas dolorosas imágenes.

Jesús nos asegura que Él borrará el dolor. Pero vivimos con ese dolor.

Jesús nos exhorta a perdonar. Nos apegamos a eso de «¿qué tal si sucede otra vez?».

Jesús dice que la venganza está en sus manos. Pero la volvemos a tomar en las nuestras.

¿De qué se trata?

La Biblia dice que Dios dispone todas las cosas para el bien de los que lo aman. Recuerda cómo yo cuestionaba esta promesa cuando leyeron el veredicto. Dios siempre tuvo la respuesta. En cambio, no entendía que nuestro completo, incondicional y sincero perdón sería un giro, no solo «para el bien», sino para el mejor, para el *sweeter*, más dulce aroma que el perdón puede traernos.

No me gusta repetir, pero *girls*, esta salsa que se nos pide bailar no tiene que ver con nuestras emociones de dolor, ira y resentimiento. No tiene que ver con la persona que nos hizo daño. No tiene que ver con el dolor que sentimos. No tiene que ver con el quebranto que acunamos. Tiene que ver con honrar a Dios, obedecer su orden de perdonar y deleitarnos en nuestra nueva, fresca y *free* vida.

Quizá me esté entremetiendo algo en tu vida, pero permíteme sugerirte que Dios puede estar tocando a la puerta de tu corazón. Sin una pizca de impaciencia, el Señor está esperando a ver qué decides. ¿Seguirás albergando tu derecho a la amargura? O, *instead*, ¿honrarás el divino derecho a pedir perdón? Sabiendo que podemos escoger esto último, *my friends*, ya no tenemos que rechinar los dientes. En su lugar, podemos soltar las piedras y perder los kilos de rencor que tenemos en exceso. *No more*, no más de albergar hostilidad. *No more* de reproducir escenas dolorosas. *No more* planificaciones de fiestas de víctimas. *No more* alimentar conceptos de venganza. Y *no more* de pasarnos los dedos por las viejas cicatrices. Cerramos las puertas al departamento *HELL*.

Y barriendo esas tóxicas cenizas emotivas, con un alma limpia, nos albergamos en la paz de Dios. Nos ponemos las ropas de la libertad y nos lanzamos a un nuevo comienzo. La serenidad que creíamos haber perdido para siempre la recuperamos, y te invito, *girl*, a dar una mirada. Acércate a la imagen que ves en el espejo. Una tú más joven, más suave, más apacible te está devolviendo la mirada. ¿Quieres bailar la salsa de la libertad?

Adelante porque te has refrescado con la dulce fragancia del perdón. Eres otra, dinámica y libre. Tus sonrientes labios susurran: «*Lord Jesus, thank you. What freedom*, ¡qué libertad me has dado! *I can breathe*, puedo respirar, cantar y descansar de noche todo porque ahora tengo paz, tengo paz de verdad en mi ser».

¿Quién invitó al temor a mi fiesta?

Gozo es la ausencia de temor.

«No creo en la Biblia», me dijo una amiga años atrás. «Está llena de contradicciones».

Girl, me sorprendió. ¿Qué le pasaba? Su comentario bordeaba el de una hereje declarada. Sin embargo, como cristiana novata, me rasqué la cabeza preguntándome qué iba a responderle. Y a través de los años, al inquirir en capítulo tras capítulo y libro tras libro, me encontré también con algunas aparentes contradicciones.

Por ejemplo, en Eclesiastés, leemos que tenemos que temer a Dios y, luego, en Salmos se nos dice que nunca debemos temer.

Tremenda confusión, ¿no? Esto es lo que me aclaró el asunto: Mi primer temor es que lo que escribo no halle eco en ti, y que lo dejes a un lado y no lo sigas leyendo. Temo que permitas que el factor miedo acalle la salsa que está resonando en tu corazón. Temo no expresarte con claridad cómo Dios ha transformado mi *crazy life* en una *life of love*.

Este tipo de temor me lleva a esforzarme más, a escoger palabras y conceptos que penetren barreras para que Dios pueda tocarte el alma.

Aun así, *wow!*, un segundo tipo de temor está también presente en mí. Temo que pueda tener una enfermedad mortal y nunca vea este libro en manos de los lectores. O temo que algo le pueda pasar a *my husband, my children* o a mis nietos, y que el dolor que me cause me robe cualquier vestigio de creatividad.

He aquí la cosa: el primer tipo de temor me empuja a poner todo mi empeño. El segundo amenaza con paralizarme.

Cuán sencillo es diferenciar los dos tipos de temores en las Escrituras: Temo que no pueda agradar a Dios, por lo que mi anhelo es obedecer la Palabra de Dios. Ese es un temor bueno. Por el otro lado, un miedo tóxico, paralizante y debilitante no puede ni debe tener un lugar en nuestro corazón de latina.

Lo desconocido

Ese es un concepto simple. Lo entendemos, pero el temor nos acompaña como el teléfono celular. Siempre está ahí, y demasiado a menudo suena para traernos ansiedad y pánico. Así que veamos cómo acallarlo y derrotarlo.

Primero, analizaremos uno más diferente: un temor saludable que nos empuja a corregir lo que sabemos hoy. El otro tipo de temor, en cambio, con su naturaleza malsana y destructiva, nos insta a preocuparnos por lo que pueda suceder mañana. *Crazy!* ¿Por qué es loco? Nos preocupamos de algo que no ha sucedido, de algo que no está presente todavía. Y de posibilidades que quizá nunca se materialicen.

¿Será que Jesús lo sabía? Por eso es que en el Evangelio de Mateo dijo que dejáramos de preocuparnos de simplezas: qué comeremos o qué vestiremos. Él se ocuparía de eso. Los problemas de *tomorrow* se resolverían solos.

Aun así, esta *girl,* que danzaba al compás del mundo, no escuchó eso. Más bien ese temor por el *tomorrow* inundaban de ansiedad sus noches. ¿Recuerdas cuando conté mi visita al oftalmólogo? Me sentó en un sillón especial y me pidió que pusiera la barbilla en un descanso de metal. Y después de enfocarme una luz en los ojos, se echó hacia atrás en el asiento y me dio *bad news.* «Ya no hay nada que podamos hacer».

My God. Esas palabras se clavaron en mí como clavos de hierro. Me iba a quedar ciega.

Pensar que me iba a quedar ciega me enfermó de pavor. ¿Por qué? Por lo desconocido. ¿Cómo iba a poder vivir en una total oscuridad? *I didn't know.* No lo sabía. ¿Cómo iba a realizar las tareas de madre y esposa? *I didn't know.* ¿Cómo me desenvolvería a través de la vida? *I didn't know.* Como las *cheese patty* de mi abuela, los retos del *tomorrow* me rellenaban el corazón de miedo.

¡No lo sabía! Todas las incógnitas casi ponen mi mundo patas arriba.

Todos experimentamos eso cuando la crisis llega como una intrusa. ¿Qué hacer cuando una situación llega a su peor nivel? Por el momento, vamos bien con lo que vemos. Has pasado por eso, ¿no? Todos lo hemos experimentado en un momento u otro. Quizá no hayamos estado esperando quedar ciega para siempre, pero hayamos tenido una visión empañada por las lágrimas. Nos preguntamos qué vendrá después. Vemos el auto en la entrada, pero no sabemos cuándo el banco nos lo quitará. Recibiremos un cheque de pago esta semana, pero no sabemos hasta dónde alcanzará. Nos preguntamos si podremos soportar el dolor en nuestras relaciones. No sabemos cómo curar la soledad que nos llevamos a la cama de noche. ¿Estarán seguros nuestros hijos? No lo sabemos. Si la economía empeora, ¿cómo

Déjame detallarte lo que sucede desde el momento en que me levanto. Esta es mi rutina de la mañana. Primero, salgo de la cama. Y adivina qué. No puedo ver dónde está el baño. Todo es color gris oscuro. Ninguna luz me ilumina el camino; no hay lentes que traigan enfoque a mi mundo. Así que el día comienza con un desafío.

Entonces, he aquí lo que hago: antes de poner los pies en el suelo, mis pensamientos abren la puerta de las alabanzas a Dios. Está bien, ustedes las *young women* que están poniendo los ojos en blanco por esto, no se me vayan. Comprendo que debía concentrarme en lo que me falta. El temor a pasar otro día en tinieblas, consumida por la autocompasión, preguntándome cómo paso de una habitación a la otra, de un minuto al otro. En vez de todo eso, opto por alabar a Dios por el nuevo día... debido a que considero la alternativa.

No, pongo los pies en las zapatillas y, con el pelo revuelto y los brazos extendidos para no chocar con las paredes, me atrevo a proclamar el gozo. *Yes*, declaro que siento gozo por el día. Cierto, pueden surgir problemas. Aun así, *friends*, tener gozo no es tener una vida libre de problemas. El gozo no es más que ausencia de temor.

Quizá no abras los ojos a las tinieblas de la ceguera, pero despiertes preguntándote si todavía amas al hombre que duerme a tu lado, o te preocupes por el adolescente que no regresara a la casa hasta las tres de la mañana, o que contengas los gemidos o las lágrimas de dolor físico. Cualquiera que sea la circunstancia que te inspira dolor, sientes el peso de las mantas como si fuera el de tus cargas y no sabes si quitar telas de encima para enfrentar otro día.

¿Dónde está el gozo en todo eso? *My dear*, halla paz y gozo en lo siguiente: Todos tus dolores y pesares ya están escritos en el libro divino de Dios. Ninguna de las cosas feas que producen disonancia en nuestras vidas escapa de los ojos vigilantes de Dios. Aparecen en el capítulo llamado «Va a pasar por esto».

Así que puedes estar segura de que Dios también tiene escrita la solución.

La renovación

El «vivieron para siempre felices de Dios» a veces requiere un nuevo «había una vez». *Yes,* el nuevo comienzo es obligatorio. *How?* Como una comida por receta que no salió bien, tenemos que arrojarla en la basura y comenzar de nuevo. Si quieres estar libre de temores, tienes que pasar también por la renovación de tu alma.

Primero, detenemos esa *crazy* idea de que estamos demasiado ocupadas para buscar el consejo de Dios. Dejamos atrás esas excusas: demasiado lavado de ropa, demasiadas actividades para los niños, demasiadas actividades en la iglesia, demasiadas cosas que hacer. Ay... no queda tiempo para Dios.

Sin embargo, aquí tienes una parte de las *good news*: Dios siempre está disponible para escucharnos, aconsejarnos y guiarnos. Aun así, no tengamos al Señor de todo como un siervo. Más bien vayamos a Él como el Divino Gobernador de nuestras vidas. El que conoce, percibe y revela lo que más nos conviene.

Por lo tanto, sabiendo que Dios es mucho más sabio de lo que jamás lo seremos nosotras, nos quedamos en la silla de aprendizaje. Luego, esperamos. Sí, nos sentamos sin movernos, en *silence*, con la suficiente quietud y calma para que la Palabra de Dios nos penetre en el alma. Este proceso se sigue antes de tomar cualquier decisión, considerar algún plan o tratar de proceder con una receta para el éxito. Esperamos a ver lo que nos va a decir el Espíritu Santo, porque: «Si el Señor no construye la casa, el trabajo de los constructores es una pérdida de tiempo. Si el Señor no protege la ciudad, protegerla con guardias no sirve para nada. Es inútil que te esfuerces tanto, desde la mañana temprano hasta tarde en la noche, y te preocupes por conseguir alimento; porque Dios da descanso a sus amados» (Salmo 127:1-2, NTV).

Dios es el que edifica. Dios es el que manda. Dios nos equipa para el camino. Y así podemos esperar excelencia sin pesar alguno. Y, *how good*. A ti y a mí que amamos a Dios, el Espíritu provee para cada detalle: una buena noche de descanso, serenidad en el alma y una mente libre de ansiedad.

Entonces, si dices en serio que quieres comenzar de nuevo, *girl*, haz una cita con el Planificador Divino, el Omnisapiente Arquitecto y el Todopoderoso Consultor. Deja que Dios tome la batuta. Deja que presente una nueva oportunidad. Y, tarareando tu salsa favorita, verás cómo Dios brinda un glorioso resultado sellado con gozo.

Mujer sabia (y no estúpida)

My friends, quizá no les guste este otro paso, pero aquí va. Antes de entrar en los detalles, dejemos nuestra sensibilidad en el cubo de la basura, y bañada de colonia de valentía, enfrentemos la verdad. Si queremos lograr todo lo anterior, debemos corregir nuestros falsos conceptos de Dios. Y si en un momento de locura rechazamos la disciplina, no lo podemos volver a hacer porque «el que la aborrece [la disciplina] es un necio» (Proverbios 12:1b [la *New International Version* dice «stupid»]).

Stupid? ¿Leímos bien? ¿Cómo puede la Palabra de Dios incluir una palabra tan ofensiva? Bueno, *girls*, la triste verdad es que se ajusta a nosotros. O quizá no debiera incluirlas a ustedes. Sin embargo, yo sería la primera en levantar mi mano y decir: «Yo soy así... más que cualquiera». *Girls*, antes de mi vida centrada en Cristo, yo era una mujer tonta, cobarde y triste. Y contrario a lo que puedan pensar, ser tonta no es lo opuesto a ser inteligente. Más bien la estupidez surge cuando se distorsiona lo que es bueno y cierto, o cuando se trata de interpretar lo que Dios instruye con total claridad.

Eso de «estúpida» no va con nosotras. Al contrario, sin orgullo, aceptamos que la inteligencia reverbera debajo de este negro cabello nuestro, y que es suficiente para que entendamos que si Dios nos creó para que tengamos gozo, también nos entregó un mapa para que alcancemos la meta. ¿A quién mejor confiarle nuestro gozoso futuro que al que es el mismo ayer, hoy y por los siglos, el Único que conoce el futuro? Así que, si no pertenecemos al grupo de los estúpidos, pertenecemos a la *family* de las correctas, sabias y confiadas *daughters* del Rey.

Es que se nos olvida

Si esta receta del gozo es tan sencilla, ¿por qué no se está cociendo en las cocinas de todas las *girls* del planeta? Porque nos criaron para poner en el agua caliente el *tea* de nuestras preocupaciones. Lo aprendimos de nuestras maestras, nuestras *mommies*, nuestras *aunts* y nuestras *grandmothers*. Así mismo. Nos enseñaron a preocuparnos. Y mientras aprendíamos, saboreábamos la amarga borra del miedo.

It's okay, está bien. No obstante, podemos cambiar ese *tea* amargo por algo ligero y dulce. Les diré lo que hizo Dios por mí.

Hace unos años, mi hijo mayor y su esposa estaban orando porque necesitaban encontrar la manera de obtener un seguro médico. Mi hijo se había quedado sin trabajo y sin los beneficios de un seguro. Para empeorar las cosas, estaban esperando a nuestro segundo nieto. «*My God!* ¡*Help them!* Ayúdalos, *please*», era mi ferviente oración. Siendo la *mommy* preocupada de siempre, quería arreglar su problema, mejorarlo todo. Como no podía, luchaba contra las preocupaciones y tuve que lanzarle gas lacrimógeno al miedo que me atacaba.

Sin embargo, *friends*, he aquí mi lección: Mi nieta de dos años jugaba, reía y decía cosas graciosas, y andaba por todas partes sin el menor temor. Ay*, my darling*, mi niña linda, pensé, si supieras los problemas que tienen tu *mommy* y tu *daddy*.

Entonces, Dios tocó con suavidad mi alma. «¿Qué pasa, *girl?* ¿Ya no te acuerdas?», parecía decirme el Espíritu Santo. «Jesús llamó a un niño, lo puso en medio de ellos, y dijo: "Les digo la verdad, a menos que se aparten de sus pecados y se vuelvan como niños, nunca entrarán en el reino del cielo"» (lee Mateo 18:1-3, NTV).

¿Volverme como una niñita? Tengo que aprender eso. Así que observé cómo mi bebita de dos años tarareaba un canto de cuna. Sin preocupaciones. Sin ansiedad. Sin un estómago nervioso. En su inocencia, confiaba, solo confiaba, mientras yo permitía que los temores me comieran para el almuerzo.

Y, *what happened?* Como siempre, Dios contestó nuestras oraciones de forma oportuna y clara. El Señor hizo posible que consiguieran un seguro médico en el momento mismo en que más se necesitaba. Aplaudimos llenos de gratitud, y pensé en lo diferentes que hubieran sido esos meses de espera si hubiéramos imitado a aquella bebita de dos años que solo jugaba y confiaba.

Eso fue lo que dijo Jesús: «Les digo la verdad». ¿Acaso alguna vez nos ha dicho algo que no sea verdad? *Heavens,* claro que no. Aun así, lo enfatizó en ese pasaje, como diciendo: «Lo digo en serio: a menos que cambien y dejen de preocuparse y estén confiados, seguros y libres de temores, jamás sabrán lo que es el gozo celestial en la tierra ni en el otro lado de la eternidad».

Entonces, ¿qué falta? *Nothing,* excepto regresar a los días en que éramos *little girls.* Regresar a los días en que confiábamos, en que de veras confiábamos en los que nos amaban. Solo cuando nuestros pensamientos, nuestras actitudes, nuestras emociones y nuestros anhelos vuelvan al grado de inocencia de confiar en Dios, en nuestro *Daddy* celestial, explotará en nosotros el gozo.

Seamos prácticas

Quizá estas ideas hayan hallado un lugar agradable en tu corazón. No obstante, en la realidad de la vida, la paz y el gozo de una confianza infantil quizá no permanezca por mucho tiempo. Podría malograrse antes de tu próxima taza de *coffee with milk*. Te gusta lo que estás leyendo, pero tienes que cerrar el libro. Tienes que cerrarlo pronto porque tus *little ones* quieren agua o *your husband* quiere hablar. O quizá el teléfono suene y una amiga acepte tu invitación para cenar *with your family*... y eso te recuerda que tienes que limpiar la casa sin falta. Y después de la interrupción, descubres que la carga que te estuvo agobiando anoche sigue ahí.

Todas estas cuestiones de la vida hacen que la invitación de Dios para hallar gozo en la vida se desvanezca como espuma de jabón en agua sucia.

A medida que envejecemos, los años parecen acumular platos sucios en las turbias aguas de un fregadero. Antes de que nos demos cuenta, la cocina de nuestra vida no luce bien. A pesar de eso, he aprendido que cada año nos trae motivos para celebrar. Podía haberme ido el año pasado, pero aquí estoy todavía. *Girls*, saquen ese flan y ese dulce ponche de frutas y olvídense de la loza. Estoy celebrando con cada mes y regocijándome con cada año de vida.

Sin embargo, mientras los años pasan como las páginas de un libro, hay algo que tratamos de pasar por alto, una realidad que tendemos a olvidar. Ese olvido no lo hallamos solo en las *girls* mayores. En cambio, las *young women* que todavía bailan hasta el amanecer, lo olvidan también. Olvidamos lo que Dios ha hecho por nosotras.

Esto ha sido un problema desde los tiempos bíblicos. Cuando Dios le dijo al valiente Josué que condujera a los israelitas, algunas veces ingratos, al otro lado del Jordán, el Señor le dio una instrucción adicional: «Tomen algunas piedras, Josué», le dijo Dios. «Tomen algunas piedras y apílenlas al otro lado del río. Así las generaciones venideras las verán y eso les recordará que dividí las aguas del río para que pudieran pasar a la tierra de la promesa».

Dear friends, ¿quién podía olvidar un sorprendente milagro como aquel? Pero Dios sabía que los israelitas, humanos al fin, lo iban a olvidar. *Yes.* Lo olvidarían. Y también nosotras. Por lo tanto, Dios les dio un recordatorio. Y nosotras necesitamos lo mismo.

Las Escrituras son algo así como un montón de piedras, algo tangible que encierra los recuerdos del pueblo de Dios, a fin de recordarnos que Él es capaz de hacer lo imposible.

Nosotras tenemos también la Roca llamada Jesús. Él es el que, por medio del Espíritu Santo, nos susurra de noche: No teman. Yo he realizado cosas imposibles. He resucitado muertos. He sanado a miles. He tomado hijos descarriados y los he devuelto al rebaño.

Cuando recordamos todo esto, no nos podemos conformar con alegrías fugaces, éxitos superficiales, ni con una frágil seguridad económica. Nosotras no. Con pasión latina llena de vida, podemos aceptar el gozo que conquista el temor, que derrota sus efectos y que canta victoria en cada etapa.

Así se vive una vida de amor

Para entrar danzando a un futuro más brillante y gozoso, tenemos que reconocer los temores, los errores y los malos pasos que hemos dado. ¿Recuerdan cuando confiábamos en Dios solo en los buenos tiempos pero no en los malos? Aceptábamos las bendiciones de Dios, pero maldecíamos las cargas. Queríamos escuchar palabras de aliento, en lugar de palabras proféticas de condenación. Quizá consintiéramos en ir a los cultos de adoración dominicales, pero nos lanzábamos a una *crazy life* de lunes a sábado. Y, en *one moment* de vanas ilusiones, dábamos por sentado que Dios iba a aceptar tal consagración a medias.

No more. No más. Ahora conducimos hacia delante y no miramos por el espejo retrovisor de la vida. Nosotras, nuevas latinas con una ardiente pasión por hallar gozo. Para vivir una *life of love*, de confianza, de relevancia, estamos arrojando por la ventana los conceptos erróneos. Declaramos libertad del temor. Le gritamos al mundo «¡Somos diferentes!». Quizá vivamos una vida repleta de problemas, pero luchamos en una vida repleta de gozo. Esto no se debe a que hagamos caso omiso de la realidad, sino a que nos estamos identificando con quien tiene el control. Hemos establecido un nexo profundo y eterno con Aquel que tiene las respuestas para los problemas más grandes que la vida. Dios es más grande y más poderoso que nuestros problemas.

Tómate el último sorbo de tu *coffee with milk, young woman*. Luego, pon la taza boca abajo, junto con los temores que antes te embargaban. Y con una nueva sonrisa de confianza, apóyate y presta atención a la promesa de gozo. Dios te llama por tu nombre. «No temas, que yo te he redimido; te he llamado por tu nombre; tú eres mío. Cuando cruces las aguas, yo estaré contigo; cuando cruces los ríos, no te cubrirán sus aguas; cuando camines por el fuego, no te quemarás ni te abrasarán las llamas. Yo soy el SEÑOR, tu Dios» (Isaías 43:1-3).

Of course, claro que sí, la seguridad y el gozo se filtrarán. Habrá aguas problemáticas. Habrá fuego de dolor a tu alrededor. Sin embargo, Dios no estará demasiado arriba ni a gran distancia. El Espíritu está aquí con nosotros, y nos asegura que nada ni nadie podrán separarnos de la amorosa presencia de Dios. Y esto es lo que pone al temor en su tumba, de una vez y para siempre. Es la seguridad de que el gozo es nuestro. Es la determinación que nos acompaña en la mañana. Es la paz que nos acompaña todo el día. Y es la seguridad de que, cuando lleguen las malas noticias, no tenemos que temer.

Algo para celebrar

En los tiempos bíblicos, las mujeres usaban túnicas. Hoy, usan pantalones vaqueros. Vivían en tiendas; hoy viven en condominios. Aun así, por dentro somos las mismas. En un momento u otro hemos probado la amargura de la vida y también hemos saboreado los triunfos. Miriam fue una de ellas. Estando en medio de la multitud cuando los egipcios acosaban a su pueblo, presenció milagros de Dios, y lo que vio hizo que su temor se desvaneciera. Así que no podía quedarse en casa sonriendo mientras palmeaba sus tortillas. No, *lady*. Tomó instrumentos musicales, «y mientras todas las mujeres la seguían danzando y tocando panderetas, Miriam les cantaba así: Canten al Señor, que se ha coronado de triunfo» (Éxodo 15:20-21).

Esa sí era una *woman* apasionada e inteligente. Celebró el mismo triunfo que ustedes y yo estamos celebrando. Debe haber tenido algo de latina en la sangre porque danzaba, *my friends*. Organizó una fiesta para celebrar el extraordinario poder de Dios que dividió las aguas del Mar Rojo. Ese mismo poder de Dios dividirá las aguas de nuestros problemas. Y a medida que esperamos, nos preparamos con gozo en el corazón.

Mientras las demás *girls* se preocupan por los problemas que no se han resuelto, nosotras confiamos en que Dios está elaborando la solución. Otras están añadiendo arrugas a sus rostros. Nosotras nos sacudimos nuestras prendas en señal de gozo. Otras tienen hambre de felicidad, nosotras nos deleitamos con gozo. Conocemos un tipo de vida que se pierden otras. Y vivimos la vida que otros se mueren por tener.

Demasiadas *girls* están perdidas en el complicado tango de la tensión y la ansiedad. En cambio, ustedes y yo, *my friends*, nos inclinamos a la sencillez de la salsa de Dios, y la bailamos sin vacilación, sin dudar y sin temor en una divina fiesta. A pesar de eso, *sorry*, lo siento. La entrada a esta recepción selecta es por invitación. Me imagino que ya recibieron las suyas, pues están entre las que se crearon para el gozo.

Así que, *let's go*. Ponte de pie. ¿Puedes sentir ese ritmo contagioso? La dulce melodía del gozo resuena para ustedes, las nuevas ustedes: libres y confiadas. Por lo tanto, levanten el mentón y den una entusiasta y atrevida media vuelta. *¡A bailar salsa!*

Glosario

a life time: toda una vida
a lot: mucho
almost always: casi siempre
and you?: ¿y tú?
and why?: ¿y por qué?
aunts: tías

bad news: malas noticias
believe me: créeme

cheese: queso
coffee with milk: café con leche
chicken soup: sopa de pollo
chicken with rice: arroz con pollo
children: niños; hijos
chocolate ice cream: helado de chocolate
chuño: papa deshidratada, usada para hacer sopas
crazy life: vida loca
Christ: Cristo

daddy: papi
darling; dear friend: querida
daughters: hijas
day and night: día y noche
days: días
different: diferente
difficult: difícil
dumb: tonto

end; conclude; finish: termina
everything; the whole or entirety: todo

family: familia
flowers: flores
for certain: por seguro
free: libre
freedom; liberty: libertad
friend; friends: amiga; amigas (en este contexto)

girl: chica; muchacha; mujer en lenguaje coloquial
God: Dios
good: bueno o buena
good news: buenas noticias
goodbye: adiós
grandmother: abuela
gringa: estadounidense; yanqui (casi siempre anglohablante; femenino)

Glosario

he forgave us: Él nos perdonó
heavens: cielos
hell: infierno
help them: ayúdalos
honest: sincero; honrado; honesto
hope and expectation: esperanza
hours: horas
how: cómo
how good; how wonderful: qué bueno
how long?: ¿hasta cuándo?
how sad: qué pena
hug: abrazo
husband: esposo

I believe; I think: creo
I can breathe: puedo respirar
I didn't know: no lo sabía
I don't know: no sé
I don't think so: no lo creo
important: importante
inside: adentro
instead: en vez
it's fine; it's okay: está bien

large: gran
let's go: vamos
life of love: vida de amor
listen: escucha
little girl / little boy: niña / niño
little one; little ones (pl.): hijita /hijito
Lord, the: el Señor (Dios)

mariachi: género musical originado en el oeste de México y que distintivo en particular por su integración de instrumentos de cuerdas, en los que se destacan el **guitarrón** mexicano y la **vihuela,** pero también incluye la guitarra, el violín y, en ocasiones, un arpa, así como la percusión y los instrumentos de metal como la trompeta
mommy; mommies (pl.): mami
my friend: mi amiga
my God: Dios mío
my husband: mi esposo

no doubt: no hay duda
no more: no más
nothing: nada
number one: número uno

of course; sure: claro; por supuesto; seguro
oh, my goodness!: ¡ay!; ¡Oh! ¡Dios mío!
one moment: un momento, momento
one night: una noche

party; parties: fiesta; fiestas
patty: empanada; pastelillo
pay attention: pon atención
please: por favor
problem: problema

rice with milk: arroz con leche

silence: silencio
sir / madam; Mr. / Mrs.; gentleman / lady: señor / señora
skies: cielos
soon: pronto
sorry: lo siento
soup of sorrow: sopa de dolor
still more: aun más
still waiting: sigo esperando
stupid: estúpido
subtly: sutilmente
sweeter: más dulce

tea: té
thank you: gracias
that's good: eso es bueno
the Lord (God): el Señor
three: tres
tomorrow: mañana

very: muy
very good; very well: muy bien

wait a minute: espera un momentito
water: agua
welcome: bienvenido
what: qué
what happened?: ¿qué pasó?
what's happening?; what's up?: ¿qué pasa?
what is wrong?: ¿qué tiene de malo?
when: cuándo
when will it end: ¿cuándo terminará?
with: con
why?: ¿por qué?
why not?: ¿por qué no?
wife: esposa
women: mujeres
wow: caramba
wrong: indebido; inapropiado; equivocado

yes: sí
young woman: muchacha (informal)